Guia prático de
história oral

para empresas
universidades
comunidades
famílias

Conselho Acadêmico
Ataliba Teixeira de Castilho
Carlos Eduardo Lins da Silva
Carlos Fico
Jaime Cordeiro
José Luiz Fiorin
Tania Regina de Luca

Proibida a reprodução total ou parcial em qualquer mídia
sem a autorização escrita da editora.
Os infratores estão sujeitos às penas da lei.

A Editora não é responsável pelo conteúdo deste livro.
Os Autores conhecem os fatos narrados, pelos quais são responsáveis,
assim como se responsabilizam pelos juízos emitidos.

Consulte nosso catálogo completo e últimos lançamentos em **www.editoracontexto.com.br**.

Guia prático de
história oral

para empresas
universidades
comunidades
famílias

José Carlos Sebe B. Meihy
Suzana L. Salgado Ribeiro

Copyright © 2011 do Autor

Todos os direitos desta edição reservados à
Editora Contexto (Editora Pinsky Ltda.)

Foto de capa
Pedro Maia

Capa
João Paulo S. Freire

Projeto gráfico e diagramação
Gustavo S. Vilas Boas

Preparação de textos
Lilian Aquino

Revisão
Lourdes Rivera

Dados Internacionais de Catalogação na Publicação (CIP)
(Câmara Brasileira do Livro, SP, Brasil)

Meihy, José Carlos Sebe B.
Guia prático de história oral : para empresas, universidades,
comunidades, famílias / José Carlos Sebe B. Meihy
e Suzana L. Salgado Ribeiro . – São Paulo : Contexto, 2023.

ISBN 978-85-7244-690-7

1. História oral – Guias, manuais, etc.
I. Ribeiro, Suzana L. Salgado. II. Título.

11-09798   CDD-907.2

Índices para catálogo sistemático:
1. História oral : Guias   907.2

2023

EDITORA CONTEXTO
Diretor editorial: *Jaime Pinsky*

Rua Dr. José Elias, 520 – Alto da Lapa
05083-030 – São Paulo – SP
PABX: (11) 3832 5838
contato@editoracontexto.com.br
www.editoracontexto.com.br

Blanco

Me vejo no que vejo
Como entrar por meus olhos
Em um olho mais límpido

Me olha o que eu olho
É minha criação
Isto que vejo

Perceber é conceber
Águas de pensamentos
Sou a criatura

Do que vejo

Octávio Paz

Este livro é para Fabíola Holanda

Sumário

PARTE I: FUNDAMENTOS 11

    1. Tema 12

    2. História oral: fins e meios 14

    3. Tipos de história oral 15

          Resumo 17

PARTE II: ALTERIDADES EM HISTÓRIA ORAL 19

    4. Documento em história oral 20

    5. Colaboração em história oral 21

    6. Autoria em história oral 24

          Resumo 25

PARTE III: PERSONAGENS:
QUANDO, DE QUEM, COMO E POR QUÊ? 27

    7. Papéis e personagens em história oral 28

    8. Quando fazer 29

    9. De quem? 32

    10. Como? 33

    11. Por quê? 37

    12. História oral e políticas públicas 39

          Resumo 41

PARTE IV: LUGARES DA HISTÓRIA ORAL 45

   13. Lugares possíveis 46

   14. História oral intelectual ou acadêmica 48

   15. História oral institucional 51

   16. História oral comunitária 53

   17. História oral e empresa 56

   18. História oral *da* e *para* empresa 58

      Resumo 63

PARTE V: PROJETOS E OPERAÇÕES 67

   19. Projetos: pontos de partida 68

   20. Armação de projetos 70

   21. Condicionantes de projetos 73

   22. Partes de um projeto 75

      Resumo 79

PARTE VI: GÊNEROS NARRATIVOS EM HISTÓRIA ORAL 81

   23. História oral de vida 82

   24. História oral testemunhal 85

   25. História oral temática 88

   26. Tradição oral 91

   27. Bancos de histórias 95

      Resumo 96

PARTE VII: ENTREVISTA EM HISTÓRIA ORAL 99

   28. Entrevistas 100

   29. Etapas de entrevistas 103

   30. Do oral ao escrito 106

   31. Validação 111

      Resumo 112

PARTE VIII: EXEMPLOS E VARIAÇÕES DE HISTÓRIA ORAL...115

32. História oral de pessoas anônimas...116

33. Padrões narrativos em história oral...117

34. História oral e narrativas recortadas...122

    Fragmento narrativo...123

    História de família...127

    História de vida de categoria profissional.............................132

35. Caderno de campo...132

36. Etapas do oral para o escrito...134

    Fase 1: entrevista com Fernando Ito 23/12/2009.............134

    Fase 2: "Eu gostava de criar, era entretido com o fazer"..138

    Fase 3: "Eu gostava de criar,
        era entretido com a criação".............................142

37. Lista de controle do andamento do projeto.............................146

38. Carta de cessão...148

BIBLIOGRAFIA...153

MODELOS DE PROJETOS...159

OS AUTORES...197

PARTE I

Fundamentos

1. TEMA

Ao longo dos últimos anos, muitas abordagens se somam à chamada *história oral*, termo, contudo pouco explicado e confundido com gravações de entrevistas em geral. O objetivo deste guia é propor pistas de como executar projetos nessa área usando conceitos e aplicativos atualizados. Pretendeu-se uma orientação prática, sintética e indicadora de caminhos, tudo sem perder a crítica. Mais do que mera discussão teórica, porém, buscou-se um roteiro instruído e facilitador de como fazer história oral. A fim de promover o entendimento, depois de cada série de ponderações, foram anexados *resumos* e uma *citação reflexiva* sobre o tema. Por fim, alguns *exemplos* foram relacionados como modelos ou sugestões.

Um *guia* de procedimentos sobre *projetos em história oral* deve começar pela indicação de soluções operacionais na área. Evidentemente, sempre que se fala em história oral, relaciona-se à prática de entrevistas. Entende-se, pois, entrevista em história oral como: encontros planejados, gravados por diferentes mídias, decorrentes de projeto, exercitado de maneira dialógica, ou seja, com perguntas/estímulos e respostas. As entrevistas devem permitir, mais do que dados informativos, entender situações propostas como problemáticas, com versões diferentes ou desconhecidas de fatos, ocorrências ou visões de mundo. Privilegia-se a formulação do *projeto* como *ato fundador* de qualquer trabalho em *história oral*. Tudo interessa num processo de gravação de entrevistas, assim o *modo narrativo* se destaca como contribuição única capaz de marcar o encontro que deve ser preparado e direto, pessoal, pelo menos na primeira fase. As entrevistas precisam ser gravadas, como parte de proposta previamente estipulada, orientadas para produzir efeitos. Assume-se, portanto, o conceito operacional mais amplo possível e que pode dirigir trabalhos:

> Pergunta é diferente de estímulo. Nas perguntas, busca-se ter respostas objetivas, diretas, e nos estímulos procura-se a lógica e a construção do argumento.

> História oral é um conjunto de procedimentos que se iniciam com a elaboração de um projeto e que continua com a definição de um grupo de pessoas a serem entrevistadas.

Não se deve confundir *história oral* com entrevistas simples, isoladas, únicas e não gravadas. Também não cabe chamar entrevistas comuns de *história oral*, pois em muitos casos elas se orientam por procedimentos e práticas diferentes, respeitáveis e legítimas, mas em outras chaves explicativas ou outras necessidades. O que

> Entrevista é parte do projeto. Não vale confundir entrevista como se fosse o trabalho em história oral.

caracteriza a entrevista em *história oral* é a sistematização dos processos organizados pela lógica proposta no *projeto inicial*. Entende-se por *projeto* o plano capaz de articular argumentos operacionais de ações desdobradas de planejamentos de pesquisas prévias sobre algum grupo social que tem algo a dizer. Pode-se afirmar que *sem projeto não há história oral*. Um *projeto* funciona como mapa da pesquisa e prevê:

1. planejamento da condução das gravações segundo indicações previamente feitas;
2. respeito aos procedimentos do gênero escolhido e adequado de história oral;
3. tratamento da passagem do código oral para o escrito, no caso da elaboração de um texto final para a pesquisa ou escritura de um livro;
4. conferência da gravação e validação;
5. autorização para o uso;
6. arquivamento e/ou eventual análise;
7. sempre que possível, publicação dos resultados em: catálogos, relatórios, textos de divulgação, sites, documentários em vídeo ou exames analíticos como dissertações ou teses.

Definições do *prazo* ou *cronograma* e previsão das *despesas da execução* ou *orçamento* devem ser apresentadas como condição previamente estabelecida. Desde logo, portanto, supõe-se que todo projeto em *história oral* tenha claro suas condições de exequibilidade e intenções. Nesse sentido, é necessário estabelecer se as gravações são *fim* ou *meio*.

2. HISTÓRIA ORAL: FINS E MEIOS

Pensada em série de registros gravados, como *fim*, a proposta de história oral se esgota na constituição de arquivo ou coleção de entrevistas. Nesse caso, fala-se de *bancos de histórias* ou conjunto de gravações que se orientariam segundo relatos de grupos atentos à própria presença em contextos sociais ou institucionais, como: migrantes, emigrantes, grupos profissionais, agremiações de manifestantes de determinada causa, escolas, empresas, setores profissionais ou de lazer ou ainda participantes de determinado evento circunstâncial como campanha ou testemunho. Entrevistas para bancos de histórias implicam também planejamento cuidadoso. Ainda que bancos de histórias não pressuponham análise imediata, isso não significa que outros não possam proceder exames futuros baseados nesses acervos. Nota-se que muitas instituições iniciam seus cuidados na organização de tais bancos relacionando seu conteúdo ao acervo de documentação escrita, tudo sobre a guarda do que vem sendo costumeiramente chamado de centros de informação, de documentação ou de memória.

Normalmente a documentação resultante da gravação de entrevistas é arquivada com duplo objetivo: jurídico e de acervo, para que eventualmente, no futuro, sejam feitos estudos sobre a história da instituição. Assim, caso as entrevistas gravadas para bancos de histórias sejam aproveitadas mais tarde por outros pesquisadores, a condição de *fim* para a situação de *banco de histórias* permanece

> Pelo aspecto utilitário dos bancos de histórias deve-se levar em conta a importância futura da proposta.

inalterada, mas se transforma em *meio* para os pesquisadores que venham fazer qualquer uso delas. Se o projeto previr mais do que o banco de história ou os registros arquivados de experiências, se supõe análises imediatas ou articuladas pelo grupo que o executa, o conjunto de entrevistas funciona como meio e não como fim. Se, contudo, a série de entrevistas for destacada da análise e usada como acervo, torna-se fim.

Tem-se, no caso do uso de entrevistas como *meio*, um natural encaminhamento para análises. Deve-se, nesta alternativa, partir para a *consideração da entrevista* como *corpus documental provocado*. Na condição de *meio*, como documento criado para determinada função, torna-se essencial dar-lhe sentido analítico. De toda forma, é importante insistir na necessidade de, no projeto, esclarecer como as entrevistas serão tratadas, se como meio ou fim.

Uma das características originais dos projetos de história oral é sua capacidade de gerar documentos novos. Fala-se, contudo, da necessidade de fazê-lo segundo critérios que sempre devem ser elucidados no projeto, e novamente referenciados no resultado final. O caminho da produção de documento – gravação, passagem do oral para o escrito, cuidado arquivístico e uso – completa o ciclo do *sentido* do experimento em história oral. Se o projeto se limitar à produção do documento, como fim, sem a análise complementar, o alcance da história oral será sempre instrumental, posto que sirva como instrumento para ações de análises futuras. Assim, temos três tipos de situações em relação ao uso de entrevistas em história oral:

1. *história oral instrumental*
2. *história oral plena*
3. *história oral híbrida*

Entende-se por *história oral instrumental* a modalidade que serve de apoio. O segundo caso, *história oral plena*, se estabelece na medida em que todo o processo é previsto pelo projeto norteador da pesquisa e pela análise de entrevistas, considerando apenas as narrativas. Em *história oral híbrida*, além das análises das entrevistas, supõe-se o cruzamento documental, ou seja, um trabalho de maior abrangência.

3. TIPOS DE HISTÓRIA ORAL

A história oral instrumental cumpre suas funções no registro, trabalho de captação das entrevistas e da passagem do oral para o escrito, no arquivamento e disponibilidade pública, de acordo com acertos prévios feitos entre as partes. Mesmo utilizada após o processo concluído, sua finalidade inicial se vê incluída na

> Um banco de histórias, por seu perfil de registro, é exemplo de história oral instrumental.

16   Guia prático de história oral

obediência à proposta do projeto, que, afinal, era apenas reunir entrevistas. A história oral instrumental deve ser entendida como uma parte independente de futuras investidas. Estas podem ou não ocorrer dependendo de possibilidades complementares ou de projetos feitos por outras pessoas usando essa base.

A história oral plena, também conhecida como história oral pura, por sua vez, é mais completa, entende a elaboração e análise das entrevistas. A história oral plena se realiza em si, isto é, depois de elaboradas as entrevistas, trançam-se análises de várias pessoas contidas em um mesmo projeto, ou seja, na combinação das narrativas formuladas pelas entrevistas que lhes garante em si autonomia e consistência analíticas. Mais do que história oral instrumental que apenas procede aos registros, a história oral plena exercita a análise fazendo as entrevistas dialogarem. Fala-se, pois de autonomia documental das entrevistas que se relacionam favorecendo debates internos. As análises, nesses casos, devem sempre ser comparativas, mesclando opiniões, pontos de vista ou fatos revelados em gravações que contenham *redes* de entrevistados com características próprias.

> Tanto existem projetos que trabalham somente com entrevistas como outros em que se cruzam entrevistas com outros documentos.

Supondo um projeto sobre tortura durante a ditadura política, por exemplo, temos que uma rede pode ser dos torturados, outra, que deve dialogar com esta, dos torturadores. Redes menores ou "sub-redes" podem auxiliar a especificação do tema, como, por exemplo, rede de torturados e de torturadas, pois a questão de gênero tem peso diferente na sensibilidade dos argumentos. No caso de história oral plena não é preciso se valer de cruzamentos com outros documentos que não sejam as entrevistas.

A história oral híbrida difere-se da história oral instrumental por ir além do uso exclusivo das entrevistas, além das gravações, e por promover a mescla de análises derivadas das entrevistas cruzadas com outros documentos. Nesse caso somam-se às entrevistas documentos cartoriais, memórias escritas, dados estatísticos, literatura, reportagens, produtos historiográficos. Essa alternativa corresponde a uma dimensão analítica que não se esgota na história oral plena.

É importante ressaltar que não se trata de hierarquizar importâncias ou dizer que história oral instrumental ou plena é melhor ou pior que história oral híbrida. Afirmando de outra maneira, história oral instrumental ou plena é tão importante ou legítima quanto a história oral híbrida. O que interessa é a suposição de que tudo deve ser indicado em suas finalidades e o lugar para isso é no projeto. Passo fundamental a ser considerado em projetos de entrevistas é o estabelecimento de etapas articuladas que dão ritmo ao andamento da proposta de coleta de entrevistas e sua eventual análise. Basicamente pode-se dizer que há três momentos na condução de um projeto de história oral, a saber:

1. elaboração do projeto;
2. captação, tratamento e guarda do material;
3. destinação do produto.

RESUMO

1. Definição de história oral: é um conjunto de procedimentos que se inicia com a elaboração de um projeto e que continua com a definição de um grupo de pessoas a serem entrevistadas e o uso futuro dessas entrevistas.
2. Mais do que entrevistas, para a existência de história oral é necessário que exista um projeto. Não há história oral sem projeto.
3. Um projeto de história oral é uma proposta feita previamente com a intenção de indicar os caminhos constitutivos e operacionais da pesquisa.
4. As entrevistas indicadas no projeto devem servir como meio ou fim.
5. Como fim, as entrevistas destinam-se a bancos de dados ou formulação de séries de entrevistas. Nesse caso, o que se busca é história oral instrumental, ou seja, a alternativa que servirá, depois de feitas as entrevistas, para vários usos.
6. Como meio, as entrevistas se prestam às análises convenientes, previstas no projeto e, nesse caso, cabe pensar em história oral plena.
7. A história oral plena é também conhecida como história oral pura.
8. História oral híbrida acontece quando as entrevistas dialogam com outros documentos escritos.
9. Há três momentos na realização de um projeto de história oral: elaboração do projeto; captação, tratamento do produto, guarda do material; e, por fim, a destinação do produto.

PARA PENSAR:

"É o tropo dos nossos tempos colocar a questão da cultura na esfera do 'além'. Na virada do século, preocupa-nos menos a aniquilação – a morte do autor – ou a epifania – momento do nascimento do 'sujeito'. Nossa existência hoje é marcada por uma tenebrosa sensação de sobrevivência, de viver nas fronteiras do 'presente', para as quais não parece haver nomes próprios além do atual e controvertido deslizamento do prefixo 'pós': pós-modernismo, pós-colonialismo, pós-feminismo."

Homi K. Bhabha

PARA ENTENDER:

Um *projeto* sobre *história oral de intelectuais* e seu desempenho historiográfico, por exemplo, devem expressar claramente o posicionamento do especialista e seu papel. Nesse sentido, é fundamental revelar de quem se está falando: procedência, formação, área de atuação e trajetória profissional. O *projeto* deve indicar a eventual análise apontando se as entrevistas dialogarão entre si ou serão cruzadas com outros documentos, como, por exemplo, com a produção desses intelectuais ou as implicações historiográficas contextuais.

Em se tratando de *banco de história* – conjunto de histórias reunidas em um mesmo esforço –, o projeto se esgotaria na coleção de entrevistas programadas e teria valor meramente *instrumental*, particularmente se forem aproveitadas por interessados em outros projetos, com fins diversos. Se for *história oral híbrida*, a indicação do repertório a ser cruzado deve arrolar o procedimento operacional.

PARTE II

Alteridades em história oral

4. DOCUMENTO EM HISTÓRIA ORAL

Em obediência aos momentos de execução dos *projetos* com entrevistas, cabe questionar em que etapa se pode caracterizar a *história oral*. Perguntando de outra maneira: *o que ou qual é o documento em história oral?* Seria a gravação de cada entrevista em seu primeiro suporte material – o CD, a fita de vídeo ou a entrevista gravada em qualquer outro aparelho eletrônico ou ainda nas antigas fitas cassete? Ou mais do que isso: o *documento* seria o texto derivado da gravação, passado do código oral para o escrito, produzido, visto e revisto, autorizado pelo *colaborador* que deu a entrevista? Por certo a história oral instrumental se basta na elaboração das entrevistas, mas isso não se aplica à história oral plena ou híbrida, que demandam processos analíticos. Nesses casos deve ficar claro que, acima de tudo, apenas se deve considerar história oral o projeto realizado com todas as entrevistas, com os dados ou as narrativas avaliadas.

> Qual seria a condição de documento em história oral: o suporte físico dado pela gravação ou o texto autorizado?

É verdade que todo registro de gravação gera um suporte inicial que é em si um documento inevitável porque existe em matéria, fisicamente. Mas, no caso específico, quando o suporte inicial permite desdobramentos, cabe considerar que o texto produzido, trabalhado na passagem do *estado de linguagem oral* para o *estado de linguagem escrito*, e devidamente legitimado pelo entrevistado, é a forma do documento, completa, determinada pelos critérios classificatórios de história oral. Mesmo no caso de banco de histórias, convoca-se a necessidade de passagem do oral para o escrito e então a mesma questão se coloca em pauta. Tudo depende do âmbito ou extensão pretendida pelo projeto. Assim, fala-se de dois tipos de suportes materiais:

1. gravação;
2. texto produzido, escrito e autorizado para diferentes usos.

No primeiro caso, dada a circunstância de aplicação do suporte gravado – seja fita, disco, filme –, o uso é passível de variações que fragilizam suas interpretações e, por isso, muitos não justificam apenas a gravação como único documento válido. Nesse caso, por considerar a gravação apenas um momento do processo de elaboração da *história oral* ela funciona como *referente* ou *fonte oral* ou *material*. Valida-se, assim, o prin-

> Não é porque se faz entrevista que se faz história oral e também não se faz entrevista apenas para fazer história oral.

cípio que reconhece o documento autorizado, passado do oral para o escrito com os cuidados requeridos, legitimado, como produto desejável da história oral.

Dizendo de outra forma, com o uso de gravações, sem se verter para o suporte textual escrito, pode-se interpretar a entrevista de diferentes modos, dependendo de escolhas do receptor. No caso do texto escrito, legitimado, contudo, a segurança referencial é maior, por ser a finalização de longo processo, autorizado e autenticado pelo entrevistado, e mais do que isso, manancial prático para informações gerais. Se levado em conta o papel fundamental da gravação, em fases seguintes, considera-se esta como fonte, matriz material, geradora de outras etapas.

Não se pensa, na passagem do *oral* para o *escrito*, em critérios de submissão de um código (oral) a outro (escrito). Reconhece-se que a sociedade capitalista com as feições que temos hoje foi montada sobre a tradição grafada e, assim, as narrativas colhidas em gravações se inscrevem nos pressupostos de registros validados pela cultura. Sem dúvida, a oralidade no mundo contemporâneo se relaciona de forma intensa com a escrita. No caso da história oral, é importante pensar nas virtudes de uso analítico possibilitadas pela escrita.

5. COLABORAÇÃO EM HISTÓRIA ORAL

A qualificação das partes é decorrência natural das características da *história oral*. Por estabelecer relações pessoais entre entrevistadores, entrevistados e público em geral, a *história oral* gera

> É importante definir "quem é quem" num projeto de história oral.

contatos diferentes daqueles gerados pela relação com documentos escritos, que são: preexistentes, frios, imutáveis, com os quais prevalece uma relação muda, unilateral, entre pesquisadores e textos.

Entrevistas demandam um cerimonial que, por simples que seja, transforma a situação de pesquisa em evento social, ainda que íntimo.

Em língua inglesa usa-se o termo *performance* para nomear o encontro e, nessa linha, a situação sempre ganha algo de teatral, de desempenho, e assume funções de "inversão do cotidiano", matizando a gravação como uma espécie de ritual característico, ato de respeito ao que foi vivenciado. É lógico que se aspira à normalidade das relações e que se deve evitar a artificialidade ou afetação, mas, de regra, não há como rebaixar o ato da gravação de entrevista e transformá-la em rotina ou em "conversa normal". Mesmo pessoas experientes no falar em público, ao ser entrevistadas, param, transformam seus atos e assim valorizam o momento como "especial" ou "único".

Vale desdobrar o potencial dessa situação, pois dar entrevista não é ato banal. Juntar fatos que deverão ter dimensão social, virar registros, merece atenção e tudo corrobora para a busca de um bom resultado: postura, entonação de voz, tratamento verbal. Reconhecer isso, contudo, não basta quando se trata de *história oral*, pois a existência de um projeto prévio exige que o encontro tenha foros de cunho social, dimensionando um trabalho articulado, com o objetivo de dizer algo mais do que o já estabelecido. Não é raro o entrevistado se sentir "falando para a História" e isso só o dignifica como "centro de atenção", pelo menos no momento de sua fala. Nesse momento, destaca-se o "protagonismo" do narrador. É na entrevista que o pesquisador encontra o "outro", sujeito dono de sua história retraçada com lógica própria e submetida às circunstâncias do tempo da entrevista. Merece cuidado o fato de, muitas vezes, ao entrevistado caber uma oportunidade rara de assumir a "centralidade explicativa", sendo que para o entrevistador isso pode ser menos solene. Essa diferença é importante para avaliar as posições diferentes que assumem as partes num processo de *colaboração*.

Sim, torna-se importante a definição de *quem é quem num projeto de história oral*. As várias ciências sociais estabelecidas nos séculos passados têm se valido do uso de entrevistas aplicando conceitos operacionais que, se vistos à luz das relações social e ética, se mostram pelo menos estranhos, como: informantes, atores sociais, sujeito/objeto de pesquisa. No caso da história

> Colaboração não quer dizer igualdade e isso é fundamental para entender o sentido do pacto que se estabelece em entrevistas.

oral, por acatar eticamente o interlocutor e colocá-lo como centro gerador de visões, por levá-lo em conta além de seu papel de "fornecedor de dados", de "transmissor de informações", ou "testemunho", valoriza-se o conceito de colaboração. Reside aí uma das inovações da história oral mais humanizada. Note-se que a colaboração não iguala as partes, mas convida a um trabalho participante em que os dois polos – os *entrevistados* e os *entrevistadores* – são sujeitos ativos, unidos no propósito de produzir um resultado que demanda conivência.

Decompondo o termo *colaboração*, temos três de seus elementos constitutivos e por eles chega-se à sua *qualificação ética* transformadora dos atos de trocas humanas. Mais do que mera palavra, na entrevista se processa o intercâmbio de percepções sobre acontecimentos explicáveis nos quadros da vida coletiva. O entrevistado "doa", livremente, sua experiência em troca de registros de cunho amplo.

> No momento da coleta das narrativas e na elaboração de textos escritos, dá-se uma espécie de fusão de propósitos entre quem relata e quem materializa o documento.

Assim, nos trabalhos em história oral, temos: *co-labor-ação*, como junção de fatores que comungam. Trata-se, pois de pensar processos de trabalho que nascem compartilhados, comprometendo os velhos princípios de alteridade em propostas com entrevistas.

Vale dizer que ao se falar em colaboração destaca-se a existência de uma relação pessoal e subjetiva. Dizer isso, contudo, não implica cumplicidade, afinidade absoluta ou adesão às atitudes ou ideias dos entrevistados. Há casos em que se discorda de posições deliberadas dos colaboradores, mas isto não significa que não possa haver auxílio ou comunicação entre as partes. O que se preza como válida é a postura profissional, que, no entanto, não quer dizer "neutra" ou "distante". Assim, alguém pode

> Muito se tem dito sobre o caráter democrático da história oral. O respeito ao significado da colaboração é um bom ponto de partida.

entrevistar um assassino sem aderir às suas razões ou motivos. Ademais é passada a hora em que se considerava válido apenas entrevistar vítimas. O entendimento ampliado de processos sociais implica a busca, por mínima que seja, de interação entre as partes. Democraticamente, deve-se ouvir os lados envolvidos em processos que os juntam.

6. AUTORIA EM HISTÓRIA ORAL

Outro aspecto relevante na caracterização dos projetos em história oral é a questão da autoria. Afinal, pergunta-se: quem é autor em uma relação dialógica em que existem pelo menos duas partes envolvidas: seria quem conta a história ou testemunha algo, ou quem grava ou comanda o projeto? Essa questão não deve ser depreciada como menor ou considerada "já resolvida", pois implica complexo relacionamento em que estão presentes problemas éticos e jurídicos. De maneira simples, ilumina-se essa questão exemplificando-se o caso conhecido na relação entre o "pai da psicanálise", Freud, e dos pacientes que lhe contavam seus sonhos.

> A proposta de colaboração deve entender um pacto em que muitas vezes o acordo implica poupar os entrevistados e até mesmo em supressão de aspectos que possam prejudicar a rotina ou pôr em risco a vida de pessoas envolvidas no projeto de pesquisa.

Seria Freud o autor, por ter escrito *A interpretação dos sonhos*, ou os autores seriam os pacientes que sonharam, revelaram seus devaneios para que ele conseguisse erigir suas reflexões? É verdade que todas as áreas do conhecimento têm seus códigos de conduta e prescrições éticas. No caso da história oral, em particular da história oral de vida, os cuidados devem ser redobrados, pois se fere questões sensíveis da experiência individual ou do grupo. Em tantos casos de pessoas perseguidas, fugitivos de guerras, seres violentados, donos de dramas difíceis, para quantos o silêncio é evocado na perspectiva da dor de traumas? Pergunta-se, nesses casos, sobre a validade de romper o interdito conveniente aos vitimados. Ao contrário, questiona-se também o direito de quantos se propõem a adentrar em temas intangíveis. Entre frequentes exemplos dados sobre ética em história oral, o caso de profissionais do sexo que contam suas histórias é mostra do cuidado que se requer. Na grande parte das vezes, essas pessoas precisam se proteger e ser protegidas de eventuais abordagens. Ainda que queiram relatar suas experiências, no caso de trabalho com a prostituição ou atos tidos como marginais, aconselha-se o uso de história oral de pessoas anônimas, isto é, muda-se o padrão identitário – nome, características físicas, indicações de residência – e, avisando os leitores, cria-se uma situação hipotética. Tudo deve ser explicado na introdução do trabalho e revelado o zelo pela proteção dos entrevistados.

Consagrado juridicamente que o autor é quem promove o projeto, quem assume a responsabilidade de sua condução, é ele que arca com o processo de continuidade da pesquisa até o fim. Assim, pois, judicialmente é o autor quem assina a pesquisa. Há potenciais encargos jurídicos na produção de uma pesquisa. Em especial quando o resultado ganha dimensões públicas, é preciso que o responsável seja claramente nomeado. Isso posto, esclarece-se ser o autor quem padece os eventuais danos ou mesmo os ganhos da pesquisa. No entanto, é comum, em termos de direitos autorais, a cessão, integral ou em partes, de bens que, por terem sido doados para os colaboradores, afinal, geraram o estudo.

RESUMO

1. Documento em história oral é tema de dupla resposta. Alguns defendem que o documento existe desde que haja qualquer suporte físico ou digital, como uma gravação; outros, porém, acham que apenas o documento finalizado – em texto, no papel, autorizado – equivale à condição de documento. Qualquer alternativa depende de opção justificada.

2. "Colaboração" ou "colaborador" são termos usados como resultado de propostas de um tipo de história oral que advoga a participação conveniada de partes que se dispõem a produzir um trabalho de pesquisa de fundo social. Nessa linha, "colaborador" é termo que supera outras referências como "atores sociais", "informantes" ou "objeto de pesquisa".

3. O uso do conceito "colaboração" fundamenta-se em um procedimento ético e remete ao respeito com o entrevistado que não merece ser visto como "objeto".

4. Em respeito ao conceito de "colaboração", outros polos da participação em projetos merecem cuidados, a saber: "autoria", "história oral de pessoas anônimas".

5. A definição de "autor" é assumida juridicamente, pois todo trabalho intelectual tem que ter responsável que responda legalmente pela situação.

6. Eticamente a autoria deve ser repartida e explicada na apresentação pública do trabalho. É comum também que os eventuais direitos autorais sejam decididos em conjunto.

7. Como todo projeto de história oral implica pluralidade de redes a serem entrevistadas, convém assumir que o entrevistador deve ter postura profissional, o que não quer dizer neutra ou distante. Entrevistar um bandido, por exemplo, não implica afinidade, e sim postura lógica capaz de permitir diálogo.

PARA PENSAR

"Diferentes, desiguais e desconectados? Formular os modos da interculturalidade em chave negativa é adotar o que sempre foi a perspectiva do pensamento crítico: o lugar da carência. Mas colocar-se na posição dos despossuídos (de integração, de recursos ou de conexões) ainda não é saber quem somos. Imaginar que se podia prescindir deste problema foi, ao longo do século XX, o ponto cego de muitos campesinistas, proletaristas, etnicistas ou indianistas, de feministas que acreditavam resolver o enigma da identidade afirmando com fervor o lugar da diferença e da desigualdade. Ao ficar deste lado do precipício, quase sempre se deixa que outros – deste lado e daquele – construam as pontes. As teorias comunicacionais nos lembram que a conexão e a desconexão com os outros são parte da nossa constituição como sujeitos individuais e coletivos. Portanto o espaço inter é decisivo."

Néstor García Canclini

PARA ENTENDER:

O processo de colaboração é complexo e exige definições das partes. Consideremos, por exemplo, o caso de um projeto sobre mulheres violentadas sexualmente. Fica claro que elas falariam mais abertamente para outras mulheres e de preferência que tenham passado por situação semelhante. Várias tentativas mostram que há desvio de narrativa quando homens tentam executar projetos dessa natureza. A colaboração, entretanto, tem que ser avaliada segundo oportunidades. Tudo depende de interesses nos resultados e de afinidades que implicam definições éticas. De uma forma ou de outra, o importante é entender o processo da colaboração.

PARTE III

Personagens: quando, de quem, como e por quê?

7. PAPÉIS E PERSONAGENS EM HISTÓRIA ORAL

A história oral é campo aberto à produção de conhecimento sobre diferenças. O trabalho com o diverso, não reconhecido, com os excluídos por motivos plurais ou com os interditados, é um dos mais importantes exercícios presentes em projetos com entrevistas. Isso se coloca na perspectiva da valorização da diversidade social e reforça o caráter democrático, de luta pela inclusão, provocado segundo a agenda social ligada ao conhecimento humanístico. Progressivamente, por exemplo, crescem estudos de gêneros que tratam de questões como a feminilidade e a masculinidade, mas também a homossexualidade e a bissexualidade. Na mesma linha, pessoas com deficiência em geral: cadeirantes, cegos, surdos, albinos, anões, integram temas que ao fim conduzem a produção do conhecimento ao desafio da transformação social. Esses "eus" podem se inscrever socialmente por meio de suas histórias até então pouco expostas e, dessa forma, evidenciar personalidade política, atuação social, cultural e econômica.

É evidente a necessidade de estudos sobre grupos menos considerados, segmentos em "zonas limites" ou "de risco". Isso convida a lembrar que esforços têm existido graças às iniciativas de pessoas em tais situações ou de pessoas diretamente relacionadas que assumem a necessidade de mostrar uma problemática pouco visível. Com a história oral, tais iniciativas se implementam mostrando que um campo novo se abre convocando a produção do saber a foros de *política pública*. Vista dessa forma, não há como fugir do caráter participante ou ativista da história oral. É, porém, necessário critério para armar um projeto de entrevistas. Isso reforça um princípio vital para a existência de projetos de história oral que se assentam no dever de, antes de tudo, responder aos seguintes quesitos:

1. quando,
2. de quem,
3. como e
4. por quê?

Sem esses pontos de partida, não faz sentido usar entrevistas. Um fator a mais convida a pensar que colaboração é atitude integrativa e/ou complementar de partes que, mesmo com interesses conflitantes, apenas ganham sentido no conjunto social ou histórico.

8. QUANDO FAZER

Duas alternativas, em geral, presidem a discussão sobre "quando" se justificam os projetos em história oral. Para alguns se deve fazer história oral em situações em que não há documentos a respeito de algum aspecto a ser estudado. Outros apregoam que história oral se faz como voz alternativa, indicando "outras versões" sobre fatos estabelecidos com alguma garantia histórica. São assim duas posições que nem sempre se complementam ou dialogam. Tanto há pessoas que advogam a utilidade da história oral como "tapa-buraco documental" como há aqueles que desprezam essa alternativa por julgá-la meramente informativa, sem sentido narrativo próprio.

Fala-se na primeira hipótese de lacunas documentais que seriam preenchidas com documentos feitos para suprir ausências de dados ou informações. Sabe-se historicamente de casos de "esquecimento" ou "apagamentos" promovidos por entidades autoritárias, por comandos, que, querendo negar algum evento que "mancharia a história nacional", ou mesmo para suposta proteção de determinados grupos, mandariam quei-

> Ainda que seja comum, o mérito da história oral não reside em produzir documentos onde estes não existem.

mar documentos probatórios. De toda forma, a destruição de documentos tem sido praticada até como maneira de evitar acúmulo de papel. É clássico no Brasil, por exemplo, a destruição de arquivos sobre a escravidão – mais especificamente os livros de matrículas de escravos existentes nos cartórios das comarcas e registros de posse e movimentação patrimonial –, promovida aos 14 de dezembro de 1890 por Rui Barbosa, então ministro da Fazenda. Ainda que o caso seja polêmico e abrigue argumentos contrários, o fato é que se pensava em extinguir uma memória escrita, como se a oral não perdurasse como "reserva de memória", ou seja, como argumento inscrito na *tradição oral* que passa de geração a geração.

A compensação das lacunas documentais também pode ser notada em outras manifestações, como os registros atentos apenas a alguns interesses, em visões unilaterais, como é o caso das fontes sobre a vida de índios ou analfabetos. Segundo a percepção geral, os índios ou analfabetos não produzem documentos escritos próprios e, então, o que se sabe sobre eles, de regra, é determinado pelos que leem e escrevem e assim marcam registros e fazem disso forma de poder. São também difundidas situações em que um grupo é silenciado e forçado a não produzir documentos sobre alguma experiência "subversiva" ou imprópria para os padrões vigentes. Sob esse episódio registram-se casos que vão de prisioneiros políticos até situações extremas como o Holocausto, em que aos detentos são impostas condições de silêncio. Há, portanto, um conjunto de casos em que se "justificaria" a criação documental, mas essa, contudo, não é a regra e nem o fim mais fecundo da história oral. Quando acontece de se formular entrevistas com base na produção de fontes em situações de vazios documentais, o que se tem em mente é a busca de alternativas de "documentação". Isso, todavia, só ganha sentido quando funciona como motivação para novas buscas e essa não é a finalidade-mãe da história oral.

> A história oral ganha sentido quando deixa de ser documento equiparável aos preexistentes, escritos. Por ser fundamento de "outra visão" é que a história oral merece destaque.

Uma coisa é produzir documentos a partir de entrevistas, outra, bem mais completa e complexa, é, além de fazer documento, integrar processo de história oral que implica valorização das narrativas construídas e inscritas em projetos. Fala-se, pois, nos casos de suprir lacunas, de produção documental informativa. Essa oportunidade convida a duvidar da plenitude da história oral que é mais do que ser geradora de informações. Sem dúvida a condução de entrevistas com fundo documental informativo segue ritmo e objetivos bastante diferentes do que se supõe ser história oral. Essa afirmativa divide a questão da objetividade – sempre tão mal entendida por quantos trabalham com entrevistas. A busca de dados informativos é sempre objetiva, pontual, reta. A verificação dos traços narrativos é fatalmente subjetiva, misteriosa, sutil. Em particular os historiadores veem a história oral como forma exclusiva de produção documental. Na simplicidade dessa afirmativa, a confusão entre documentos decorrentes de entrevistas e construções narrativas é evidente.

A fecundidade desse debate pode ser aferida pelo desdobramento dos argumentos atentos à carência de documentos em determinadas situações, mas tem que ficar claro que, quando se busca informações ou dados sobre certa situação, não se está obrigatoriamente fazendo história oral. Na extremidade oposta, consagrando a finalidade da história oral identificam-se casos de

> Conclui-se, assim, que o motor da pesquisa com entrevistas não deve ser apenas a inexistência de documentos.

segmentos que não tiveram oportunidade de apresentar argumentos que são considerados diferentes. Essas narrativas interessam mais do que as eventuais informações que contenham. Por possuir os próprios argumentos ou versões subjetivas capazes de iluminar o contexto de outra maneira, são essas as razões da história oral. O que se propõe é que, antes de tudo, se busque formular suportes documentais que menos cuidem de informar e mais de produzir estratégias capazes de permitir o entendimento além das informações. É bom que fique claro que grupos socialmente bem colocados na sociedade também carecem de oportunidades de mostrar "outros lados da questão". Situam-se nesse contingente, segmentos oprimidos racial, religiosa, cultural ou sexualmente. Vale ressaltar que não é por ser capaz de gerar documentos aceitos socialmente que um grupo de elite não tem subjetividade ou percepções que não se enquadram nos padrões aceitos coletivamente. Em muitos casos, o "outro lado" da questão implica que grupos exponham seus valores independentemente dos critérios morais ou políticos estabelecidos.

O quando fazer história oral, então, fica diretamente vinculado ao momento político em que os projetos se apresentam necessários. Muitas vezes motivados pelos desejos de cidadania, grupos são instigados a fomentar projetos sobre si próprios. A questão da visibilidade social se coloca também como causadora de pesquisas, pois alguns clãs por se sentirem "apagados", em particular emigrantes ou migrantes, tentam definir lugares na vida coletiva. Não é errado conferir oportunidade de estudos tanto aos grupos que pretendem ações sociais positivas quanto àqueles que incomodam a ordem e favorecem a curiosidade cidadã.

9. DE QUEM?

A justaposição de dominados com dominadores é vital para a constituição de projetos de história oral. Não apenas se prezam os projetos que jogam luzes nos "esquecidos", mas, idealmente, defende-se que estes apenas serão entendidos se colocados em conjunção com os perpetradores. Retoma-se, assim, a importância de se pensar em momentos do projeto ou em projetos. Desdobramentos implicam aceitar a situação de uma história oral progressiva, isto é, que continua em etapas sucessivas e planejadas.

> Mesmo que o projeto seja sobre "grupos subalternos", deve-se considerar entrevistas com os dominadores.

Pode-se supor, por exemplo, que em uma fase se façam entrevistas com os "dominados", mas, jamais se deve perder a perspectiva do conjunto, ainda que uma das partes seja efetuada antes. Nessa linha, se reconhece o significado de projetos que privilegiam grupos de representação minoritária, perseguidos, marginalizados. Sempre, porém, que for possível considerar os projetos complementares com perpetradores não se deve perder a oportunidade.

A valorização dos grupos que têm "outras visões" dos problemas estabelecidos é meta de quem faz história oral. Depois de responder "quando fazer história oral", portanto, o próximo requisito é aclarar sobre "de quem". A combinação do "quando" com o "de quem" é passo essencial para a boa saúde dos projetos. Vale lembrar que os compromissos da história oral se prendem às questões

> É comum a simpatia pelos "vencidos", mas a completude de um projeto deve contemplar ambos os lados.

de inclusão social e do direito de participação. São, portanto, fatores cidadãos que regem o andamento do trabalho. Nessa linha, mesmo setores que tenham suas histórias oficiais merecem contemplação na medida em que podem oferecer "outras visões de fatos" ou situações. Ademais, cabe pensar que o processo histórico é sempre dinâmico e mutável, e, pois, até em termos de atualização o curso da vida social demanda revisão.

Os mais complexos projetos de história oral contemplam, sobretudo, a necessidade de enfrentamento das diferenças de comportamento dos participantes de um evento de interesse social. Um bom exemplo pode ser o caso de pesquisas com "crianças em situação de risco" ou exploradas por diversos motivos. Nessa circunstância, salientam-se as "oposições" entre os polos: adulto entrevistando crianças; pesquisadores com posição social definida em "diálogo" com colaboradores em situação profissional frágil ou desempregado; alfabetizados gravando entrevistas com sujeitos em formação educacional (ou sem ela); pessoas sadias entrevistando pessoas com deficiências; enfim, uma soma de circunstâncias de distanciamentos que implicam colaboração. Na mesma ordem de obediência aos critérios de diferença, vale salientar que não apenas as vítimas compõem o quadro analítico. São ricos os projetos que inscrevem vítimas e perpetradores, além das preferências por algum dos polos. É fato que estes projetos demandam tempo para sua excussão plena, mas nada impede que sejam efetuados por partes. Isso ajuda a pensar a questão de prazos que, muitas vezes, cercam os limites temporais de elaboração de projetos.

Na consideração de projetos em geral, alguns cuidados devem ser tomados em favor do objetivo social da pesquisa. Tem sido comum entrevistas com vítimas, explorados ou silenciados. Sem dúvida, esse é um dos enfoques que mais claramente justificam a história oral, mas, pergunta-se, mais do que "dar voz aos vencidos" não caberia em um projeto feito sob

> Sob a perspectiva da democracia, os projetos de história oral devem considerar as partes envolvidas nas questões. Não apenas as vítimas devem ser ouvidas, mas também os opressores. Assim os projetos ficam mais completos e explicativos.

a bandeira dos direitos humanos considerarem também os "vencedores" ou os "bandidos"? O mesmo se diz de casos de projetos em que empregados de uma firma são o centro de atenção. Não se deve, em projetos assim, deixar também de prestar atenção aos patrões.

10. COMO?

Não basta questionar a relevância do "quando" ou "de quem" motiva entrevistas em história oral. De importância igualmente consequente é o "como" fazer projetos na área. Respondido o "quando" e o "de quem", os desafios se multiplicam nos detalhes operacionais, pois cada gênero de história oral tem um tipo de condução ou procedimento. A consciência disso é fundamental para o trabalho com entrevistas. O primeiro cuidado, portanto é delimitar o grupo de colaboradores definindo abrangência numérica, espaço geográfico do desenvol-

> A decisão de planos de diálogos – com outras entrevistas, com documentação escrita, com dados ou historiografia – deve ser clarificada de saída. Será o projeto feito apenas com entrevistas?

vimento do projeto e momento temporal da pesquisa. Os critérios de formulações do *corpus documental* são essenciais e o enquadramento do gênero de história oral com os grupos entrevistados exige coerência e determina a forma de continuidade da pesquisa.

A referência ao estatuto pretendido para a história oral é a essência do "como", ou seja, da execução do projeto. Uma das críticas mais contundentes que se faz aos que praticam história oral é supor que as entrevistas não demandam cuidados específicos e que não há critérios de orientação para gêneros diferentes em história oral. "Como" implica de saída definir o estatuto da história oral e ver como se ajustam os processos de entrevistas nas grades de procedimentos ope-

> A qualificação da prática de entrevistas está ligada à definição de seu estatuto. Afinal, aceita-se o uso de entrevistas como: "ferramenta", "técnica", "metodologia"?

racionais. Até bem pouco tempo era desprezível a discussão sobre o lugar da história oral como forma de conhecimento. Frente ao desafio de seu uso cabe deliberar se seria: simples "ferramenta"; "técnica"; "método", ou como preferem os mais ousados, "disciplina". Antes desse questionamento, entrevista era algo que se perdia na prática de seu uso indiscriminado até então pouco cuidado em termos de definição teórica. Quando se diz que história oral é mais do que uso de entrevistas, fundamenta-se tal postura na qualificação do tipo de entrevista e torna-se necessário ser rigoroso e fiel às decisões sobre o gênero escolhido.

De início, nos anos de 1950, quando entrevistas começaram a ganhar destaque como instrução de argumentos ou como peso narrativo próprio, seu perfil era aparentemente informal, mera *ferramenta*. Naquele tempo, sem se constituir em objeto específico de pesquisa, entrevistas permitiam considerar a história oral da maneira como a ela se referiu Louis Starr, um de seus fundadores, "mais do que ferramenta, e menos do que uma disciplina". Estava dada a largada para um ajuste que até hoje carece de precisão. De início, as palavras extraídas de discursos valiam como complemento, ilustrações de casos ou fabulações gerais, e isso bastava. Então, sem força narrativa própria, tanto se equiparavam citações ou histórias contadas aos dados estatísticos, recortes historiográficos ou ao que já fora dito. Tudo tinha, em todas as formas de expressões ou códigos, um peso neutro de complemento argumentativo. Pode-se dizer que o ponto determinante das transformações se deu a partir do instante em que os debates sobre os critérios de elaboração dos documentos escritos se fizeram motivo específico de estudos afinados com as indicações de novas potencialidades. Dizendo de outra forma, foi exatamente quando a opinião pública reconheceu que as histórias narradas tinham possibilidade de se tornar fundamento para a reflexão coletiva que se deu o desafio de seu registro. A passagem das narrativas orais para a escrita foi crucial para a consideração documental. É curioso notar que até hoje existem pessoas que ainda se valem das citações de entrevistas como ferramenta.

A consideração da história oral como técnica implica supô-la em diálogo com versões anteriores, estabelecidas de diversas maneiras sobre um dado assunto. Nesse caso, considera-se a existência de uma documentação paralela, escrita ou iconográfica e, em possível diálogo com esses acervos ou séries documentais, as entrevistas entrariam como argumento capaz de provocar "nova versão dos fatos". Contudo, o objeto central nessa alternativa seria a documentação cartorial, escrita, historiográfica ou imagética. As entrevistas seriam dependentes dos eixos temáticos decorrentes da documentação escrita e com ela deveriam manter um diálogo alternativo. É importante reconhecer que o peso dado às narrativas orais coletadas é relativizado em função da documentação central à qual se opõem em argumentos. No caso do uso das entrevistas como técnica em história oral, primeiro se deve considerar o exame do repertório escrito existente. Imaginando um estudo sobre o impacto de eventos como a "Marcha da Família com Deus pela Liberdade", no limiar da instalação

> O diálogo promovido pelo uso de diferentes fontes, quase sempre se vale da história oral como forma de promover outras versões. Nesses casos, opõe-se a memória oral à memória escrita ou História.

da ditadura militar de 1964, em primeiro lance seria procedido um exame atento sobre o que existe escrito sobre o assunto, então, seriam também considerados os jornais de época e demais informações e análises existentes. As entrevistas seriam maneiras de verificação do potencial contrário às "certezas" apreendidas a partir do que foi escrito. Na fase de entrevistas, seria verificado como as pessoas se comportaram nesse processo. Justificam-se as entrevistas, porque suspeita-se de que a participação popular fora diferente do que se tem estabelecido na historiografia. Por sua vez, tais trabalhos devem permitir reflexões diferentes.

Como método, a história oral se ergue segundo pressupostos que privilegiam as entrevistas como motivo central dos estudos. Trata-se de iluminar as entrevistas como *ponto central das análises*. Para serem valorizadas como solução operacional, quem se vale das entrevistas, segundo esse critério, centra atenção desde o estabelecimento do projeto nas formas específicas de elaboração das versões. Cuidados especiais também devem ser delegados ao processamento das entrevistas na passagem do oral para o escrito. No caso de *uso metodológico*, as entrevistas se constituirão em um núcleo central da investigação e deverão ser avaliadas em separado, com destaque. É desse conjunto documental privilegiado, das entrevistas, que se extraem os problemas a serem selecionados em eventual diálogo com outras fontes e argumentos já estabelecidos.

> Para serem garantidas enquanto método, as entrevistas precisam ser ressaltadas como o nervo da pesquisa, e sobre elas os resultados são efetivados.

Em outros círculos dos usuários ou pesquisadores em história oral, tem sido valorizado o princípio de que a ela se constitui com "objeto definido", com procedimentos operacionais claros e preestabelecidos que a justificam como uma *disciplina* dos tempos modernos. Logicamente integram esses argumentos as possibilidades abertas pela moderna eletrônica que merece ser vista além das facilidades domésticas ou de entretenimento. Porque se preza a parafernália eletrônica como alternativa para a produção de saber, valoriza-se sua integração na questão disciplinar da história oral. Nesse caso, definindo-se que a memória oral é objeto da matéria, com método de condução e finalidade claros, fundamenta-se a história oral como disciplina.

11. POR QUÊ?

Por que se faz história oral? Essa pergunta pode parecer dispensável, mas não o é por carregar um desafio singular: *história oral serve apenas para ilustrar?* Por tratar de documentação viva, o uso de entrevistas implica cuidados éticos e eles exigem também o compromisso de relações pessoais. Nessa linha, mais do que resolver situações de comprometimento burocrático, acadêmico ou mesmo comemorativo, a história oral leva o compromisso de registro de situações para consideração social. Por lógica, essa afirmativa expõe pesados encargos. Como razão de ser do "quando", do "de quem" e do "como", o "por quê" exige especificações que o extraiam do exercício acadêmico ou meramente "celebrativo", "comemorativo"?

> É para mudar, transformar, que se propõem estudos em história oral.

Visto pelo avesso, polarizado como "versão revolucionária", muitos consideram o esforço de mudança proposto pelos projetos de história oral como: "romântico", "utópico", "visionário". De regra, os que se valem da *história viva*, feita por meio de entrevistas, enfrentam pechas preconceituosas daqueles que entendem que o labor intelectual não produz sequer reformas, ainda mais revoluções. Na balança oposta, de oralistas, advoga-se que a consciência de grupo se dá também pela caracterização de experiências e isso já implica modificação de seu estatuto. Por certo, por agregar pessoas que atentam para a caracterização de determinado problema – seja de correção de visão, de delimitação de espaço social de grupos ou reivindicação –, a história oral alça voos de ativismo inerente.

A demanda de considerações de ambos os lados é crucial, pois aí reside mais do que uma postura acadêmica, um posicionamento de cunho cidadão ou político. E quem trabalha no *tempo presente* não tem como se alienar dos vínculos com o "aqui e agora". Antes de avançar vale a lembrança de que o mesmo debate é aplicável a diferentes áreas do conhecimento.

A diferença vibrante, contudo, situa-se no fato de, em história oral, nos valermos de pessoas que "no presente" vivenciam processos deflagrados no passado imediato ou remoto. Fala-se, pois, de continuidades e da compreensão da realidade por meio de experiências que chegam

38   Guia prático de história oral

e atingem a todos. Porque os resultados de processos históricos dependem de atitudes identificáveis no presente é que se faz história oral. Com esse argumento em vista, o

> É irônico notar que mesmo detratores da história oral como forma de ativismo acabam por produzir trabalhos exatamente com os "excluídos".

teor combatente da história oral é garantido pelo empenho de grupos em se posicionar. Não é errado pensar que como matéria viva, a história oral é sobremaneira reivindicatória. Isso alivia a carga de responsabilidade de disciplinas acadêmicas que se valem da documentação escrita feita alhures ou no pretérito. Porque o "aqui e agora" é matéria essencial da história oral, não há como deixar de ver nela clamores de mudanças.

A visão alienante de alguns pesquisadores, em particular da academia, muitas vezes se acomoda na produção de conhecimento atento à reflexão teórica sobre o uso da experiência humana. Isso limita a percepção dos efeitos das entrevistas e tende a classificá-la como "mais uma alternativa de estudos". Além disso, também descentraliza o objetivo do uso de gravações. Não é errado dizer que as pesquisas relacionadas às questões que podem ser resolvidas por outros recursos de pesquisa se constituem no defeito maior de quem supõe fazer história oral. Não é o curioso ou exótico que move trabalho com entrevistas. No espaço da democracia deve-se deixar lugar para aventuras alienadas, mas é erro enquadrá-las como motivo da história oral. Um dos recursos mais praticados por pessoas que supõem trabalhos de história oral é a redução das experiências sociais em exercício de análise do conceito de memória, por exemplo. Desviando, algumas vezes sem pudores, o foco da investigação

> É porque se trata de experiências de seres vivos que se aceita a atividade do uso das entrevistas.

social, processos vivenciais de grupos são reduzidos a exemplos capazes de testar visões sobre o teor da memória. Tudo como se estudos atentos ao conteúdo da memória não tivessem implicações diretas na construção de identidades e comunidades.

Por relativizar questões como a *devolução* ou pelo uso pragmático de recortes de entrevistas, usuários de gravações se portam segundo uma apropriação utilitária conveniente e assim reduzem a experiência do outro em mera informação ou confirmação de hipóteses preexistentes. A devolução da entrevista – e mais do que dela de todo o trabalho concluído – supera a mera reverência ou agradecimento. A tomada de consciência do "quando", do "para quem" e do "como" se fazer história oral é um processo completo de *desnaturalização* dos fatos sociais que não existiriam sem esse esforço de colaboração. Reside exatamente na realização do projeto o intento da história oral que ao contemplar a árvore a explica segundo as circunstâncias da floresta. Árvore e floresta, entrevistas e projetos, componentes de um mesmo sistema que exige definição das partes e explicação dos porquês.

Cabe explicar o que se entende por devolução, pois é comum pessoas esgotarem o compromisso do *retorno* das entrevistas no ato de entrega do texto para os colaboradores. Pessoas que pensam dessa maneira, por certo, rebaixam o significado político de fazer entrevistas com seres humanos. Aqueles que se valem da anuência e

> Mais do que homenagear, é pela possibilidade de marcar lugar e propor mudanças que se faz história oral.

adesão dos "convidados" para as gravações como suficientes devem avaliar que a plenitude do projeto pode reforçar argumentos para favorecimento de políticas públicas. Muito mais do que esgotar a colaboração em um caso de entrevista, o projeto tem comprometimento ético com o conjunto todo.

12. HISTÓRIA ORAL E POLÍTICAS PÚBLICAS

Para aqueles que se contentam em ver a história oral como atitude superficial ou, como dizem alguns, "culturalista", não vale a explicação sobre o caráter social de fazer entrevistas considerando uma visão da disciplina de História como processo inacabado. Ao contrário, para os que creem que o processo histórico tem liames que tecem o presente determinando-o, a história oral ganha força de transformação. Sendo verdade que o fato de reunir pessoas e as habilitar a um lugar social já é fator de transformação, convém reforçar que a busca de inscrição nos problemas sociais a fortalece como argumento político.

Uma das implicações básicas daqueles que acreditam na força da palavra oral como mecanismo de participação social diz respeito à

40 Guia prático de história oral

consideração de "quem é quem" na ordem social. Seria a mudança institucional apenas produto do trabalho de autoridades estabelecidas para tanto? De pessoas no exercício de seus poderes? Mesmo que se considere isso viável, pergunta-se se o esforço comunitário não deveria ser aderido aos argumentos que favoreçam o setor político. Muito além disso, o que se pretende é pensar que a participação social é dever de todos e que em diferentes matizes a história oral pode contribuir para a transformação do padrão participativo das comunidades que sempre se constroem.

Porque toda vida social é dinâmica, constata-se a frequente redefinição do quadro cidadão. No mesmo ritmo de mudanças, a soma de estudos que podem ajudar a compreensão desses processos ganha sentido. O que valoriza sobremaneira o teor da luta por lugares democráticos mais expressivos é exatamente o acompanhamento dos setores envolvidos que,

> A história oral sempre deriva de questões de afirmação social ou que incomodam grupos.

de acordo com maior ou menor possibilidade, pode atuar no processo. É assim que a política pública se faz, também como resultado de projetos que ganham dimensão nas lutas coletivas. É lógico que se considera que nem todos os grupos estudados têm a mesma força participativa, mas é comum nesses casos a busca de adesões de outros setores da sociedade interessados em promover o bem coletivo.

É inerente ao trabalho com entrevistas o vínculo com causas sociais que alimentam movimentos, favoreçam mudanças. Mesmo com graduações expressivas, como o vazio político não existe, cabe aos projetos de história oral favorecer argumentos para as causas em questão. Juntam-se, assim, alguns pontos delineados anteriormente: o teor transformativo da história oral decorre de inconformidades e da necessidade de exibir o "outro lado da questão". Para se justificar, enquanto motivos de luta ou de afirmação social, tanto se fazem imperiosos os argumentos subjetivos dos grupos oprimidos como o enfrentamento com os temas consagrados. A dinâmica histórica, o processo de mudanças, depende substancialmente da vida dos participantes. As políticas públicas atuam, pois, como mecanismos de institucionalização de lutas que buscam lugar social.

RESUMO

1. É fundamental definir "quem é quem em história oral"; tradicionalmente, as diferentes disciplinas tratavam de considerar os entrevistados como "informantes", "atores sociais", "objeto de pesquisa"; propõe-se "colaborador".
2. A história oral se vale do conceito de "colaboração" por entender que o trabalho de entrevista é algo feito junto, entre entrevistado e entrevistador.
3. Valores éticos qualificam a consideração do entrevistado como colaborador; na mesma linha, a reconceituação do entrevistado como colaborador propõe o debate sobre autoria, pois, afinal, quem seria o autor: quem conta a história ou quem transforma o oral em escrito e inscreve o trabalho em projetos?
4. Juridicamente o autor é quem responde pelas implicações do Direito, mas é comum que autores dividam os direitos autorais com os participantes.
5. O "fazer" da história oral demanda quatro enquadramentos iniciais: história oral "quando", "de quem", "como" e "por quê?". Essas perguntas remetem à finalidade da história oral que deve ter cunho social, sempre.
6. O "quando" remete à oportunidade, ao tempo, de se aplicar estudos com base em entrevistas.
7. Existem duas alternativas para a questão "quando fazer": deve-se fazer entrevistas onde há vazios documentais e/ou onde existem versões diferentes das estabelecidas por outros estudos, em particular baseados em documentos escritos.
8. Por aceitar que, independentemente de lapsos documentais, o que interessa é a disponibilidade de "outras versões", a história oral deve ocorrer sempre a favor de grupos marginalizados ou oprimidos.
9. A história oral, em termos de estatuto, pode ser vista como: ferramenta, técnica, metodologia ou disciplina.
10. Como ferramenta, a história oral é apenas um complemento em que parte da entrevista vale como ilustração. Nesse caso, não se valoriza a especificidade da narrativa.
11. Como técnica, a história oral é feita para discutir algum postulado já estabelecido. Nessa alternativa, ela deve duvidar dos discursos estabelecidos que, prioritariamente, instruem argumentos que serão contrapostos às entrevistas.
12. Em termos metodológicos, a história oral precede os eventuais diálogos com os argumentos estabelecidos. Nesses casos, primeiro vêm as entrevistas e, em vista delas, questiona-se o balanço bibliográfico sobre o assunto.

13. A vanguarda da história oral defende que ela é um campo disciplinar novo, com objetos, procedimentos e fins próprios.
14. É fundamental que seja respeitado o preceito que estabelece os princípios do fazer da história oral: "de quem", "como" e "por quê".
15. A questão ética da história oral deve ser vista em panorama mais amplo do que a simples prática da "devolução".
16. Consequência do debate sobre história oral: "de quem", "como" e "por quê" é a adesão aos processos de políticas públicas.

PARA PENSAR

"Como ponto de partida, propomos que uma atividade interpretante qualquer organiza-se fundamentalmente em torno de três eixos. O primeiro diz respeito ao lugar desde onde ela é constituída, ou, mais genericamente falando, ao contexto tanto relacional quanto histórico. Assim, temos uma indissociabilidade entre tempo e lugar. O segundo eixo diz respeito ao argumento, ou seja, a consideração de uma ficção ou história a partir da qual o lugar é tematizado. Como bem é possível perceber, se é pelo argumento que o lugar se evidencia a diferenciação entre os dois acaba se tornando problemática. Assim, esses dois eixos se entrecruzam com implicações mútuas na atividade interpretante. E o terceiro eixo diz respeito ao ato resultante."

Ana Maria Medeiros da Costa

PARA ENTENDER

Modernos estudos de história oral têm mostrado que há uma versão diferente das expressas nos livros sobre a Revolta da Vacina. Quando feita exclusivamente através de documentos escritos, o povo se mostra contra o governo republicano na cidade do Rio de Janeiro, porém, pesquisas feitas com entrevistas revelam que o protesto popular se deu no morro da Saúde, porque a invasão policial atacou determinados campos religiosos, aqueles da divindade Omolu, do Candomblé, exatamente o santo que tinha tido varíola.

Em entrevista sobre a educação no Movimento dos Trabalhadores Sem Terra, em 1996, Terezinha, uma educadora declarou que: "Para nós, os verdadeiros heróis históricos são outros, não os da História Oficial, consagrados nos livros didáticos destinados aos que se envolvem na manutenção do *status quo* em que vivemos. Nossos heróis são: Zumbi dos Palmares, Padre Cícero, Lampião, esses são os expoentes libertários que queremos, vamos construir uma nova sociedade educando nossas crianças com essa formação". Essa postura se faz ponderável não apenas por ser uma visão de combate à leitura oficial, mas principalmente para garantir o caráter democrático da "versão do povo" que quer para si uma "outra História".

PARTE IV

Lugares da história oral

13. LUGARES POSSÍVEIS

O chamado "momento atual" ou "realidade de nossos dias" é um dos principais desafios justificadores do sucesso de trabalhos com entrevistas em diferentes situações. Uma das melhores explicações para o bom resultado desses empreendimentos é a requalificação do passado como artifício integrador dos indivíduos em processos históricos correntes. A cada situação temos que nos qualificar com critérios morais, sociais, políticos, de classe, de nível profissional, e isso caracteriza a dinâmica da vida em frequente mudança.

> A incessante necessidade de definição do "pertencimento" às associações ou grupos comunitários exige vínculos refeitos sempre, incessantemente.

Constantemente, portanto, a reconstrução do lugar pessoal e social se faz como desafio. A consciência da localização individual ou do grupo imediato diz respeito ao ajuste dos cidadãos em seus tempos e espaços. Acresce-se a isso, a possibilidade de interlocução entre os personagens. Mesmo num mundo em constante desagregação, pode-se pensar que os meios de comunicação permitem trocas sugestivas para busca de justiça social. A novidade se dá nas alternativas possibilitadas pelo conhecimento articulado. A combinação da história oral com os meios eletrônicos modernos pode possibilitar ajuda na formação de políticas públicas progressistas.

Aceitando que *todo processo histórico é sempre inacabado*, a continuidade que move grupos junta pessoas de interesses comuns e lhes garante personalidade social. É básico que reconheçamos os elementos fundamentais que nos unem e dão sentido às experiências vividas coletivamente. Os testemunhos, opiniões, visões de mundo, portanto, são vitais para a compreensão do relacionamento entre o passado e o presente em constante processo de mudanças. É por meio da expressão dos critérios de pertencimento que nos constituímos como cidadãos.

> A certeza de que "ninguém é uma ilha", ou seja, de que não existimos socialmente sozinhos, nos obriga a estabelecer regras de convívio em que as afinidades e as diferenças são explicitadas.

No "tempo presente", trabalhos com entrevistas ou com memória viva, oral, são alternativas para o entendimento da dinâmica social e para o trabalho de consciência dos cidadãos. Isso, contudo, exige cuidados para que o entrevistar não seja apenas mais um modismo ou prática espontânea, alheia a critérios consagrados, rigorosos e que respondam aos níveis de integração social. Em diversas situações em que a entrevista é cabível, vale salientar que existem regras que as distinguem. Assim como em Psicologia, Jornalismo, Antropologia ou História as entrevistas têm normas de conduta e de uso, em história oral não poderia ser diferente. É exatamente o respeito aos critérios da história oral que amparam essa prática.

Sempre que se parte de alguma circunstância fundamentada no momento em que o projeto é proposto e executado, a história oral se mostra como possibilidade a cada dia mais considerada e desenvolvida por diferentes grupos que buscam entendimento de seu papel ou espaço social. Isso determina o direito de todos os segmentos de fazerem a própria trajetória. A autonomia de "dizer-se" é base da interpretação democrática da história oral. Em contextos amplos, o direito de "dizer-se" implica possibilidade de outros se firmarem também como sujeitos capazes de, em se pensando, pensar a sociedade como um todo. Reafirma-se assim o principal preceito da história oral, a colaboração. A valorização do indivíduo e de seu grupo, sua consideração como personagens da vida coletiva tendem a produzir respeito cidadão, pois, afinal, todos participam do coletivo e por eles se explicam, ou dele divergem. O recurso do registro das experiências é prova evidente desse reconhecimento, buscado por segmentos que clamam por apontamentos de suas marcas sociais. As experiências pessoais ganham sentido quando inscritas em processos coletivos.

> Reafirma-se assim o preceito imperante da história oral: a colaboração que implica compromissos de ambas as partes.

Associações de bairros, clubes comunitários, igrejas, famílias, frações étnicas, instituições, empresas, escolas, hospitais, grupos de serviços, entidades enfim, procuram se conhecer e assim favorecem a prática inclusiva da história oral. Mas é importante dizer que a história oral demanda definição dos lugares de onde fala. Há, pois, nuanças que permitem operações e aplicações diferenciadas dependendo dos pressupostos dos autores dos projetos. Basicamente há dois lugares que abrigam projetos em história oral, a saber:

1. história oral intelectual ou acadêmica;
2. história oral institucional.

A história oral institucional, por sua vez, divide-se em comunitária e de ou para empresas.

É importante considerar os lugares onde se produz história oral, pois cada um possui comprometimentos específicos e modo próprio de condução, com procedimentos característicos. Nessa linha, ressalta-se que as expectativas frente aos resultados também se diversificam de acordo com a intenção do grupo gerador da pesquisa. Não se pode cobrar de grupos

> Mesmo em situação familiar, por exemplo, não se pode negar intenções que vão além do hábito sadio da curiosidade ou nostalgia.

comunitários critérios que caberiam em outras soluções, principalmente na academia. Ao mesmo tempo, a história oral tem motivações e produz efeitos diferentes em cada contexto em que é praticada. Isso convida a pensar que, mesmo em situação de aparente inocência, os projetos sempre guardam sentidos profundos, subjetivos.

14. HISTÓRIA ORAL INTELECTUAL OU ACADÊMICA

A história oral intelectual, também conhecida como história oral acadêmica, é uma modalidade complexa por exigir parâmetros regulados pelo saber acadêmico. Gerada segundo princípios que regem a produção universitária, dela são cobrados rigor absoluto e atenção aos preceitos do fazer segundo regras que, acima de tudo, implicam posicionamento in-

> A história oral acadêmica é produzida como estudo, exige fundamentação teórica comprovada e difere nas intenções da solução institucional.

telectual. Fundamentação teórica apurada, procedimentos operacionais justificados, eventuais diálogos historiográficos, inscrição nos diálogos intelectuais e avaliação da fortuna crítica, tudo somado se abraça para fazer da história oral intelectual ou acadêmica uma modalidade capaz de promover explicações que se enquadram nos critérios de superação das experiências anteriores. O domínio ou controle da fortuna crítica, ou seja, do que já foi produzido sobre o assunto torna-se condição da história oral intelectual ou acadêmica. Dizendo de outra maneira, almeja-se sempre a superação. Pelo saber acadêmico há dependência do conhecimento cumulativo, do que foi produzido pelos investigadores que precederam o projeto. Isso se torna base e sobre esse princípio se advogam as pretendidas "novas visões". Contudo, é errado supor

> Em regra, sem dar muitas satisfações, a academia se assume como semente, proprietária, juíza e orientadora da história oral. Até parece que fora dela não há outras alternativas.

alguma hierarquia julgando a história oral intelectual melhor, mais aparelhada ou completa do que sua irmã institucional. Não há como negar preconceitos derivados da busca de primazia dos acadêmicos que se julgam mais competentes para o exercício porque amparados por regras respeitáveis nos meios especializados.

Outro erro comum nos meios universitários é o julgamento de que o trabalho com entrevistas é privilégio ou monopólio do ambiente universitário porque, supostamente, teria nascido e se consagrado nas lutas dessa matéria. Mesmo polêmico, é importante abordar este assunto colocando-o numa espécie de berlinda, pois há evocações da tradição oral popular como base na prática de história oral. Sabe-se que independentemente das regras acadêmicas, todos os grupos têm explicações próprias que amparam sua personalidade comunitária. Reconhecer isso permite respeitar o direito de "dizer-se", inerente aos diversos segmentos sociais.

Credita-se o equívoco que atribui paternidade acadêmica à história oral ao fato de muitas justificativas sobre sua origem se basearem na suposta raiz grega que reconhece na Antiguidade Clássica a semente do pensamento. Segundo essa versão, as matrizes da narrativa histórica teriam se originado em testemunhos oculares ou referências derivadas de relatos de "quem esteve lá, presenciou

> Os projetos de história oral, por tratarem com seres vivos, são mais flexíveis.

os acontecimentos". A triagem feita pela evolução do conceito de documento, em especial a divinização da escrita como suporte fundamental para a elaboração da História, forçou o rebaixamento da oralidade como recurso e relativizou a força do testemunho direto. Em termos práticos, porém, a história oral acadêmica exige que alguns postulados sejam bem definidos e obedientes aos preceitos metodológicos. O detalhamento cuidadoso dos procedimentos deve ficar claro no projeto, pois mais do que em outros lugares, no meio acadêmico, cabe a cobrança de fidelidade aos critérios operacionais. Por mais flexível que seja o trabalho com hipóteses em história oral viva, no caso

> É errado supor que os comprometimentos sejam iguais para todos os tipos de projetos.

dos trabalhos acadêmicos isso fica sujeito a controles maiores. Nessa linha, valoriza-se o estabelecimento de textos decorrentes de entrevistas colocados à disposição tanto como documentos – banco de histórias – ou como fonte para análise.

A noção de compromisso de produção documental é vital para a qualificação do projeto acadêmico. Se o documento é a *gravação* ou o *texto final aprovado*, torna-se condição para responder o compromisso do intelectual que tem que dar mostras de resultados em termos acadêmicos. Esse postulado, no caso da academia, demanda desdobramentos fundamentais, pois a acessibilidade aos dados é condição da "eficácia probatória"

> Apenas para mostrar o nível de tensão, recupera-se o incômodo de sociólogos, antropólogos, psicólogos ao se dizerem praticando "história oral".

exigida por critérios válidos na área, principalmente para os historiadores. A determinação do local "onde" os documentos devem ficar – arquivos, biblioteca, séries, museus – é decorrência do enquadramento do lugar da história oral. Os projetos alheios aos fundamentos universitários, feitos em família ou instituições, podem ou não integrar coleções, mas os acadêmicos devem remeter a coleções. Com isso se visa permitir a verificação de exames derivados da recolha de entrevistas. Essa conduta se justifica também para melhor juízo de cruzamentos teóricos e historiográficos.

Grosso modo, pode-se dizer que a história oral acadêmica ou intelectual tem sido exaltada a alçar maiores voos e assim se integrar em soluções analíticas mais complexas do que seu uso recortado. Complemento disso é dizer que a história oral acadêmica tem fugido de ser apenas mais uma indicação no argumento geral, mero acessório. Gradativamente, a universidade, ao aderir à história oral, tem exigido inscrição em critérios analíticos da narratividade e duvidado do caráter exclusivo exigido pelos métodos da História. A matéria é polêmica, pois requer debate interno da academia, que, por sua vez, procede de uma espécie de disputa das relações das diversas disciplinas com o trabalho de entrevistas. A busca de autonomia da História garante crescente liberdade no uso de entrevistas em meios acadêmicos, mas isso exige definição do critério de uso. Novamente, o projeto ganha condição regente para definir procedimentos. Usada sem garantia documental, como simples apoio, a prática de entrevistas tem sido alvo de críticas que incidem em "veracidade", "comprovação", "fidedignidade". Pode-se dizer que a história oral universitária tem superado a prática do uso fragmentado, recortado de entrevistas que não precisam sequer se justificar estatutariamente. Aos poucos, nota-se certa devoção aos critérios constitutivos do discurso, fugindo-se dos casos de frações de entrevistas que equivaleriam a outras indicações usadas sem grandes qualificações como códigos específicos.

Considerando as três alternativas de trabalho com a oralidade, sem dúvida, nos círculos acadêmicos, em particular na História, a história oral temática é a mais prezada por se aproximar das possibilidades de manejo de dados, informações, cruzamentos documentais e inscrição em exames historiográficos.

15. HISTÓRIA ORAL INSTITUCIONAL

A história oral institucional difere da acadêmica por seus fundamentos, objetivos e critérios de condução e realização. Como a história oral institucional, na maior parte das vezes não pretende exaurir nem concorrer com o debate historiográfico geralmente dispensa inscrição em aprofundamentos teóricos. A preocupação maior se dá frente aos registros documentais que permitem pensar o papel da instituição por meio de casos, trajetórias, caracterização de personalidades profissionais ou projetos.

> Exatamente por levar em conta a essência dos "interesses corporativos", das razões tangíveis de grupos na procura de autodefinição, dimensiona-se o valor da "história oral institucional".

Cabe, contudo, destacar que quando benfeitas tais histórias orais realizam profundos estudos sobre contextos históricos e até mesmo levantamentos documentais internos.

52 Guia prático de história oral

Sem contar que várias dessas iniciativas contribuem para a organização de acervos documentais que são de peso para a realização de outros trabalhos institucionais ou mesmo acadêmicos.

Vale dizer, portanto que o conceito de instituição é, pois, elástico e sutil e abrange tanto laços naturais – família, por exemplo – como aqueles acordados por contrato – como trabalho. Daí infere-se que há níveis de institucionalização diferenciados por vínculos de adesão e pela significação institucional tanto em nível pessoal como coletivo.

História oral institucional combina interesses internos e externos das corporações. No primeiro caso, "bancos de histórias" são sempre desejáveis como base de entendimento da trajetória dos participantes da instituição. Não apenas por arrolar etapas do desenvolvimento da entidade, mas também por possibilitar a definição da compatibilidade entre o projeto institucional e a identidade dos participantes. Assim, cabe supor o papel de núcleos de trabalho dentro das próprias instituições, onde são combinados dois elementos fundamentais: os acervos e as recolhas de situações afeitas aos colaboradores.

> Dois são os principais desafios da história oral institucional: entender o projeto da corporação e saber a identidade trabalhista dos funcionários.

A presença de acervos muitas vezes é preexistente às investidas de história oral. Dependendo do porte das instituições ou de visões sensatas de fundadores, até por interesses jurídicos, burocráticos ou administrativos, a constituição de "arquivos permanentes" é condição de funcionamento institucional. Há, contudo, outras situações em que não existem documentos ou em que se encontram dispersos ou desordenados. De toda maneira, é válido considerar que a história oral institucional tem como finalidade o apontamento e a inserção de aspectos de uma "entidade" nas linhas do "conhecimento interno do grupo" bem como no "pertencimento social mais amplo".

Cabe, portanto, à história oral institucional a organização documental que permite: identificar, marcar posições, conferir o andamento da trajetória e firmar presença em contextos corporativos. Moeda de duas faces, os trabalhos de história oral institucional negociam tanto a intimidade da instituição como sua projeção no mundo externo. Uns negociam também questões de pertencimento e outros relacionam o sujeito e o grupo com o qual convive em uma instituição. Delimitando fronteiras entre diversas instituições, ficam os parâmetros dados pelos compromissos e papéis sociais. Fala-se, pois, de instituições de adesão natural, associativa e de outras, de fins relacionados ao trabalho e produção. Não apenas a família é representativa do primeiro caso, mas também o pertencimento cultural, de gênero, orientação sexual.

16. HISTÓRIA ORAL COMUNITÁRIA

Aceita-se o suposto de que história oral comunitária é parte da história oral institucional. Por seu caráter associativo, de adesão, tem-se que não se enquadram aí empresas de projeção econômica onde prevalecem relações mediadas pelo mundo do capital. As relações de afeto determinam motivações de adesão. Assim, fala-se também de alguma naturalidade nos envolvimentos. Além de grupos familiares, ligações socioculturais matizam as relações. Há instituições comunitárias de escolhas expressas em times de futebol, escolas de samba, irmandades religiosas, mas todas elas são independentes de vínculos trabalhistas. Nesses casos, o que se privilegia é a familiaridade da vida comunitária, seu papel e função social.

> No caso da história oral comunitária, é cabível supor outros compromissos que não os ligados a salários, lucros e demais proventos.

Pode-se também valorizar a busca de aspectos poucos visíveis de certas comunidades. Um bom exemplo de alternativa de estudos sobre história oral comunitária é a "presença de evangélicos descendentes de italianos católicos", pois não são poucos os casos de estudos sobre imigração italiana, mas ela é vista muitas vezes segundo alguns parâmetros estereotipados ou implícitos, como, por exemplo, a noção de que todos os imigrantes italianos devem ser católicos. Outro exemplo: a presença de judeus negros. Tais casos levam a pensar na superação de estereótipos dentro de uma comunidade.

> História oral comunitária se dá em duas situações especiais: na busca do reconhecimento social ou nas celebrações.

54   Guia prático de história oral

A história oral de comunidade atende a anseios muitas vezes menos expressivos em termos de reflexão historiográfica. Com nítida intenção de valorizar a experiência de segmentos, a "comemoração", o "saudosismo", a "celebração" ou a "nostalgia" compõem critérios narrativos expressos nas entrevistas. Assim, história oral de vida familiar, de instituições de lazer como escolas de samba, trios elétricos, associações teatrais, e tantas outras, ganham foros de possibilidade. Nesse sentido, entidades de caráter social como educandários, prisões, hospitais, casas de recuperação – enfim, centros que trabalham com situações de caráter assistencial ou filantrópico – acabam por integrar tais possibilidades. Ainda que muitos clubes de emigrantes ou outros grupos tenham condições de voos teóricos, não são estes os objetivos primeiros das entidades quando vistas por membros do grupo. O suposto da "comunidade afetiva" ou da intimidade da "comunidade de destino" rege o impulso da história oral comunitária. É lógico que o conceito de "comunidade afetiva" e da "comunidade de destino" se aplica a um grande grupo, mas quando na relação de pessoas de um mesmo clã ganha função de fundamento. Dada a atitude social desse tipo de história oral, ressaltam-se os comprometimentos com a satisfação do grupo que gera o motivo de registro. Ao mesmo tempo, adquire um caráter político comunitário na medida em que se delegam personalidades cidadãs aos membros de uma determinada coligação.

Como se sabe, acata-se o pressuposto de que no mundo atual toda comunidade é construção, e cabe à história oral de comunidade trabalhar com os elementos constitutivos do grupo em sentido estrito. Mesmo em projetos de participações naturais como a família ou o país, a ratificação é parte da construção, pois pode-se deixar de querer pertencer a um clã, negar a nacionalidade e se afinar com outros fatores. Por fugir dos grandes enquadramentos, como "religião católica", e se ater a "devotos de São Judas Tadeu", por exemplo, a intimidade possibilitada pelo recorte

> Exatamente por atender, em primeiro lugar, a utilidade setorial, a história oral comunitária difere da história oral intelectual, que visa a discussão vinculada a aspectos teóricos ou analíticos das instituições no quadro mais geral.

delega sentido aos grupos pequenos com afinidades mais especificadas. Fala-se de "micro-história". Reenquadrando o tema, além da valorização do material informativo ou analítico já existente, acumulado por diversos motivos, mesmo celebrando a importância dos registros analíticos estabelecidos sobre algum grupo ou tema, cabe pensar que entrevistas de história oral são fundamentais por permitir vida nas instituições pequenas. O diálogo que vincula o que foi registrado em documentos escritos ganha vitalidade quando aproximado do vivido expresso oralmente, no presente.

Não cabe aqui discutir a constituição de arquivos documentais procedidos em espaços e tempos alheios aos ideais da história oral, mas não é justo desprezar a essência de patrimônios que justificam a memória de comunidades. A par disso, louva-se a possibilidade do uso de entrevistas na constituição dos chamados arquivos provocados, ou seja, acervos, séries, coleções de gravações

> O valor emocional presente nesses projetos, em particular nas novas gerações, é fundamental.

juntadas intencionalmente para dar sentido a alguma experiência socialmente considerada. Nessa linha, deve-se pensar que comunidades podem formar novos acervos que vitalizam os recursos reflexivos institucionais. Sobretudo os trabalhos de história oral comunitária revelam o andamento de projetos – familiares e institucionais – e as maneiras de vivência através dos tempos dos desígnios fundadores.

Em história oral comunitária, a existência de um passado convoca narrativas que demandam quatro características:

1. origem da comunidade;
2. formulação de elementos marcantes do projeto comunitário;
3. etapas ou processos de mudanças;
4. momento presente.

Com base nesta sequência é que se supõe o papel de indivíduos ou grupos frente aos fundamentos institucionais. Como pode acontecer de as organizações possuírem registros prévios, um dos princípios básicos dos projetos de história oral é a consideração do cruzamento (ou não) dos dados existentes com os colhidos no projeto de história oral. Esta decisão é fundamental e deve fazer parte do projeto. Também é relevante dizer que as investidas em história oral comunitária podem existir sem vínculo marcado com os acervos documentais existentes.

Vale lembrar que, por vezes, acadêmicos engajados e sabedores da importância de alguns temas de estudos ligados ao coletivo e comunidades tradicionais, grupos ou agremiações iniciam suas pesquisas em seu âmbito. Entretanto, é preciso destacar que essas pesquisas não são comunitárias, no sentido de que não partem das ansiedades ou iniciativas da comunidade. Vêm de fora. Evidentemente, o pesquisador pode e deve negociar e unir em suas questões de pesquisa, proposições da comunidade, mas sempre com a certeza de que a origem da investigação difere de pesquisas comunitárias.

17. HISTÓRIA ORAL E EMPRESA

A discussão sobre os lugares da história oral institucional obriga a recortes classificatórios. De saída, vale propor uma caracterização operacional que justifique o papel da história oral em suas implicações com empresas. De regra, empresas são consideradas organizações destinadas à produção decorrente da combinação trabalho x capital. São organismos amplos e complexos que reúnem pessoas afins de algum objetivo relacionado à geração de lucro ou serviço. Na mesma ordem convém deixar claro que, sendo instituição, empresa não é gente e, portanto, não tem memória no sentido natural. Isso é fundamental para a correção de erros que identificam história oral empresarial. Pode parecer elementar, mas é comum evocar atributos humanos a situações que são inanimadas.

> A instituição família pode ser inscrita como história oral comunitária.

De maneira paradoxal, crescentemente as instituições têm assumido responsabilidades – maiores ou menores – na promoção de conhecimento sobre seu papel ou atuação. Isso ocorre, no entanto, muitas vezes, sem aplicação conceitual e o acúmulo de experiências com essas características tem dificultado avanços. Fala-se do olhar sobre ela mesma, sua trajetória, projeto social, funcionamento, programas especiais e evolução, tudo tratado como se houvesse vida em prédios, projetos que visam ao lucro, empreendimentos materiais. O objeto nesses casos são as experiências institucionais, sejam históricas ou projetadas no presente como se fossem vivas. A constatação disso impõe lembrar que História empresarial difere de história oral *da* ou *para* a empresa. No caso da História, por se valer de documentos e registros escritos ou iconográficos, a referência é diversa da colhida e organizada pela memória humana e narrada por pessoas que vivenciam a experiência de trabalho.

Ao mesmo tempo em que cresce a valorização das histórias empresariais, também evoluem as histórias orais *da* ou *para* empresas. Em uma ou outra via, demanda-se a formação e aprimoramento de pesquisadores, pessoal preparado para assumir essa tarefa tendencialmente crescente. A carência de profissionais dessas áreas tem exigido soluções internas quase sempre improvisadas, nas quais funcionários se apresentam para assumir papéis, por vezes, inapropriados. Quando se evidencia a necessidade de superação dessas circunstâncias, nota-se a busca de parceria ou de especialistas que aos pou-

> A história oral institucional exige domínio técnico, conhecimento de conceitos que são polissêmicos.

cos começam a integrar equipes permanentes nas empresas. Nessa linha, vem chamando atenção a formulação de grupos profissionais capazes de dar novos sentidos à prática de produzir, selecionar e guardar documentos de empresas. Não são poucos os casos em que se fermenta a criação de "centros de memória". Esses "centros", além da produção, sistematização e preservação documental, se encarregam da elaboração de instrumentos de observação sobre o andamento das firmas e, assim, tornam-se entidades que vão além do aspecto de zelo de documentos tornando-se polo de consulta de futuros projetos.

Essa tendência tem feito com que sejam assumidas definições conceituais, normas e procedimentos técnicos para uso de sistemas, visando garantir acesso aos documentos arquivados e a preservação futuros. Indica-se, pois, que o trabalho relacionado à pesquisa, em especial a *da história oral institucional* não é simples e, portanto, não deve ser atividade de "tempo vago" ou iniciativa pessoal espontânea. Tal cuidado envolve o domínio de questões operacionais que exigem zelos técnicos coerentes com afinidades arquivísticas gerais, área que tem tradição operacional firmada. Assim, é necessário um comprometimento da instituição atenta à especialização de profissionais. Na mesma ordem, valoriza-se a disponibilização de equipamentos e zelo na organização do acervo e treinamento de profissionais. Tudo indica que o crescimento dos cuidados documentais esteja clamando por projetos que multipliquem o papel dos testemunhos dos diversos elementos que se constituem a "vida" da empresa.

Pode-se dizer que a história oral, nesse caso, serve para aquisição de relatos vinculados ao papel histórico ou ao impacto da entidade no contexto em que se situa. Fala-se de *reserva de memória*, ou seja, de lembranças acumuladas e absorvidas pelos participantes do grupo. Com os devidos cuidados, esses conhecimentos se formulam no que é chamado "tradição" ou marca histórica. Como dimensão do conhecimento coletivo, a memória viva de participantes da instituição amplia a responsabilidade da produção de novos registros de narrativas de sujeitos que participam da organização estrutural, física e humana da entidade.

O objetivo mais amplo de um trabalho de história oral institucional é traduzir as percepções sobre processos passados nas corporações e humanizar as relações. Ao valorizar o "protagonismo" dos sujeitos atuantes em suas atribuições de trabalho, ou nos locais em que desempenharam suas funções, cria-se um foro capaz de promover crítica do andamento do projeto institucional. Ou seja, a partir da certeza de que

> Os vínculos de trabalho e produção tornam-se fatores de integração feitos sob condições de conveniência trabalhista.

todos têm história e que essas vivências fazem parte de um patrimônio ou de uma *construção de memória comunitária*, tem-se o objetivo de registrar e analisar *histórias orais de vida* que podem contar experiências, valores e identidades de grupos.

18. HISTÓRIA ORAL *DA* E *PARA* EMPRESA

No que se refere à história oral institucional das empresas, definem-se dois ramos principais de uso de entrevistas: história oral *da* empresa e *para* empresa. Em uma ou outra alternativa, deve-se ressaltar que o grande filão para esse tipo de projeto está exatamente em verificar como fundadores, funcionários, fornecedores, usuários e demais integrantes da instituição, e mesmo como o contexto, organizam suas percepções sobre uma entidade que tem como fundamento a atividade produtiva, comercial ou de prestação de serviços.

É comum delegar redes afetivas às corporações de trabalho, porém estas são decorrentes de transferências, empréstimos, e não se constituem em base ou fundamento dos contatos.

Já que com frequência se troca o trabalho pela vivência social, há também uma transferência da vida e das relações humanas para o ambiente de trabalho. É lógico que o trabalho faz parte das atividades pessoais, mas tem peculiaridades próprias regidas pela produção, salário e lucro que em nossa sociedade marcam o mundo do consumo e dimensionam o capitalismo como sistema. Sendo atividades complementares, as relações de trabalho não se igualam com as regras do círculo social que não dependem da produção de mercadorias ou bens de consumo. De qualquer maneira, ressalta-se que o fator determinante das variações comportamentais se dá em função das "afinidades eletivas", que, no caso empresarial, devem se distinguir pela utilidade prática da instituição e não por reações provocadas pelo interesse de escolha ou conveniência dos seres em seu mundo ordinário ou "além-trabalho". A questão trabalhista se impõe no caso da produção determinando outras formas de convívio.

> É sempre oportuno ressaltar que, sim, existe **história empresarial**, mas feita em cima de documentos escritos. Na mesma linha, deve-se insistir que não é válido supor "história oral empresarial". O uso da "documentação viva", transmitida por entrevistas, traduz características de memórias diversas das derivadas da escrita.

É importante ressaltar que a prática de transferência ou apropriação da memória por empresas tem sido maneira comum de identificar a "vida" das instituições – empresas, agências, companhias, entidades, firmas. Nesses casos, creditam-se valores humanos ou sociais a essas entidades e isso se explica sob duas chaves principais:

1. a facilitação de entendimento dos andamentos empresariais;
2. a substituição das relações familiares ou sociais pelas regras do mundo do trabalho pela sutil ilusão de afeto.

Não há como negar intenções comprometedoras na transferência – aparentemente inocente – de características humanas às instituições.

60 Guia prático de história oral

Essa pseudo-humanização tem a ver com argúcias nas transferências do caráter empresarial que deve substituir, por exemplo, a participação social espontânea, notadamente por uma suposta naturalidade dos segmentos parentais.

Há explicações teóricas, filosóficas até, para essa apropriação e elas se fazem minimamente necessárias, ainda que carreguem substratos de difícil entendimento. A equivocada humanização da fábrica, ou da empresa, obedece ao forte impacto e permanência da tradição metodológica de Émile Durkheim, sociólogo que delegava às "coisas" ou "fatos sociais" personalidade existencial semelhante ao comportamento humano. Por tratar "instituições" como "corporações vivas", por delegar-lhes "vida", tornou-se comum pensar que estabelecimentos de trabalho, por exemplo, tivessem vida

> Tratar empresa de trabalho como gente é metáfora forçada e sintomática do tratamento capitalista que pretende substituir a casa pela empresa.

própria e por conseguinte uma memória natural lhe fosse atribuída. A justificativa para a aceitação da proposta durkheimiana se fundamenta na força da construção de um espírito gregário nutrido pelas direções institucionais que pretendem lhe atribuir atestado da sociabilidade humana, seja familiar ou social. Por lógico, no mundo capitalista onde a existência é regida pelo trabalho, cabe aspectos ideológicos no cultivo da confusão entre a vida da empresa e dos funcionários. Expressões como "vestir a camisa da empresa", "a empresa é minha família", "vivo para o trabalho e não trabalho para viver", dimensionam a subjetividade ideológica dessas alternativas. Outra questão básica na incorporação pouco crítica da memória como coisa é a equivocada expressão: *resgate da memória*. Assumindo a memória como objeto ou coisa, tornou-se vulgar esse erro grave de transformar o que é fluido, volátil, refeito a cada situação em algo material passível de resgate. Não se resgata memória que é sempre dinâmica, mutável e de sutis manifestações. O que pode ser feito é uma nova construção narrativa que, se utilizando da memória, ganha concretude na fala e no registro.

Esse debate interessa para a história oral na medida em que se busca nessa prática não perder o teor humano, de resistência, que se deposita na memória. A noção de "reserva de memória" aplica-se exatamente nessas situações, em termos da consideração do aspecto humano e humanitário proposto pela história oral.

Tendo essa discussão em mente, recomenda-se não anular a participação social e corrigir o termo "história oral empresarial" por "história oral da empresa ou para a empresa". Pois se defendemos a perspectiva de que não podemos tratar a memória como algo concreto, não seria adequado supor que uma instituição possa ter uma história oral, desconsiderando a ação e valorização dos sujeitos que vivenciaram e que, portanto, podem narrar experiências sobre uma história do lugar. Assim a história oral deve refutar a transferência do teor humano de participação para a "fábrica" ou a "empresa".

Como não são seres humanos, o que se delega como "suposta memória" de uma empresa é, em primeira instância, seu caráter documental, derivado de papéis, dados informativos, subsídios trabalhistas. Tais referenciais são guardados segundo critérios estabelecidos por administradores com o fito primordial de defender as empresas ou estabelecer critérios afirmativos de seu papel e relevância social ou econômica. A vocação jurídica desses documentos normalmente escritos é inevitável, pois eles servem para testemunhar fatos, atestar dados, comprovar situações

> É fundamental que se estabeleçam diferenças entre documento escrito *a priori* e documento escrito gerado a partir de entrevistas.

ocorridas no passado e registradas segundo objetividades de interesse oficial. Não menos significativa é a referência a essas séries como "arquivos permanentes". Mas questiona-se: seriam tais arquivos equivalentes à memória? Afinal, de que memória se está falando quando remetemos aos arquivos de papel e tinta? A documentos sólidos? Vale aqui insistir na diferenciação entre memória escrita e memória oral, pois a primeira – escrita – é imutável em sua forma estabelecida, apenas sofrendo variações de acordo com políticas de descartes que institucionalmente reveem conteúdo do que foi salvaguardado pelas instituições. Já a memória registrada por meio da oralidade é resultado de uma seleção dinâmica, variável e bastante subjetiva. No caso de trabalhos com entrevistas, o que se planeja é a aquisição de sensações, comprometimentos, satisfações, derivados de acordos mediados por situação de trabalho e produção e regulados por salários.

Não resta dúvida de que se empresta ou confere, na história oral dedicada ao exame das empresas, o caráter mnemônico de pessoas. Isso, contudo, revela a sutileza e a função simbólica, metafórica, que em últimas palavras traduzem intenções ideológicas. A própria referência vocabular "corporação" – e seus derivados: "incorporação", "corporativismo", "corpo de trabalhadores" – designa a falsificação do teor variado do sentido do "corpo humano". Tais termos tentam atribuir certa

> História oral **da** empresa remete ao papel externo **da** instituição. É endógeno. Por inscrevê-la na atividade empresarial fora da fábrica ela é **para a** empresa, exógena.

humanidade ao que, sem sujeitos, seria completamente inanimado. O problema vital, contudo, tem sido a falta de crítica ou critério de uso, sempre indiscriminado, da palavra memória como se fosse *da* empresa. Simplismo à parte, em favor de algo tangível para a história oral se advoga a situação de memória *da* ou *para* a empresa, pois, assim, possibilita-se pensar melhor as orientações capazes de construir identidades institucionais e, mais do que isso, reconhecer seus objetivos.

Há diferenciação entre história oral *da* empresa e história oral *para* a empresa. Vale a pena considerar isso, pois o modo de condução dos projetos depende dessas definições. História oral *para* a empresa é uma produção atenta à visão "de fora para dentro", e diz respeito à relação entre a empresa, o contexto e o mercado. Nesse caso a atenção é dada à inscrição da empresa no contexto histórico, econômico, em dimensões maiores que a prática interna ou vivência

> Juntando os pontos, torna-se fundamental reconhecer que apesar de enquadrada em uma única unidade, uma coisa é história oral **da** empresa e outra, derivada, história oral **para** a empresa.

da empresa. Portanto, a história oral *para* a empresa diz respeito ao setor como atividade do mundo externo, atento ao impacto e desenvolvimento social provocados pela atuação daquela instituição.

Por exemplo, ao se falar em montadoras de automóveis e se escrever a história de uma delas, como se trata de um segmento vasto, inscreve-se o singular no amplo. As entrevistas podem visar mais a relações temáticas do que de história oral de vida. Projetos de história oral orientados nessa direção podem falar mais de mercado, comercialização, peso do setor no espaço econômico amplo e as entrevistas feitas para atender essa questão visam abordar debates alheios ao funcionamento doméstico das unidades produtivas. Ainda que seja viável supor trabalhos de história oral pura, com empresariado, no comum das vezes o que se vê, como resultado final, é o cruzamento de entrevistas com dados "externos" às narrativas. Assim, estatísticas, leis de controle, propostas orçamentárias se juntam para permitir análises bastante amplas.

A história oral *da* empresa, pelo contrário, orienta-se para o funcionamento unitário das entidades produtivas. O "olhar interno" na instituição é o que interessa. Há também preocupações de caráter operacional, mais voltadas ao fundamento da entidade em si e, nessa direção, atentas aos vínculos com objetivos de funcionamento interno visando mais a otimização do trabalho e da produção do

> Como entidade inanimada, a "vida" da empresa depende da imitação da vida de seus agentes: empresários, empregados, clientes, consumidores, da sociedade em geral.

que propriamente a um conhecimento externo. Muitas vezes relegando preocupações do "grande mercado", ou do vínculo externo da empresa, *a história oral da empresa* devota atenção aos funcionários e os conecta com os problemas imediatos, internos da entidade. É nesse sentido que a intenção diagnóstica da história oral da empresa merece cuidados.

Juntando os pontos, torna-se fundamental reconhecer que, apesar de enquadrada em única unidade, uma coisa é história oral *para* a empresa e outra, derivada, história oral *da* empresa.

RESUMO

1. Há dois "lugares" onde entrevistas se comportam como solução para projetos de história oral. Ambos os lugares geram um tipo de comprometimento que se revela na condução e finalidade das entrevistas. Fala-se, pois, de história oral intelectual ou acadêmica; e história oral institucional.
2. A história oral acadêmica é produzida segundo os moldes prezados nas academias e devem render-se a supostos teóricos e filtragens historiográficas.

3. A história oral institucional é feita fora da academia e não precisa necessariamente ser apoiada em supostos acadêmicos.
4. A história oral institucional, por sua vez, pode ser comunitária e de ou para empresas.
5. História oral comunitária é a feita por grupos que, mesmo não obedecendo aos comprometimentos acadêmicos se veem exaltados a valorizar pesquisas com suas instituições "afetivas", sejam familiares, gremiais, religiosas ou educacionais.
6. História oral institucional, de ou para empresas, é modalidade voltada ao mundo do trabalho. Visando corrigir o jargão da história oral empresarial, essa forma de uso de entrevistas está atenta a pensar o papel da empresa na vida social.
7. Não se deve confundir a história da empresa, ou história empresarial, feita com documentos, com história oral da ou para a empresa.
8. Considera-se errado falar em história oral empresarial, pois a História é feita com documentos escritos. É correto, contudo, dizer História empresarial, pois esta é feita com documentos escritos, sem a mediação do oral.

PARA PENSAR

"O termo 'comunidade', portanto, é ao mesmo tempo útil e problemático. Esse termo precisa livrar-se do pacote intelectual em que ele faz parte do consensual, o modelo durkheimiano de sociedade... As comunidades precisam ser construídas e reconstruídas. E não se pode ter por certo que a comunidade seja caracterizada por atitudes homogêneas ou esteja livre de conflitos."

Zygmunt Bauman

PARA ENTENDER

O Instituto Martius-Staden, ao elaborar o projeto "As Alemanhas de São Paulo: histórias de vida e identidades de imigrantes e seus descendentes no início do século XXI", teve como principal objetivo a criação de um banco de histórias. Para tanto, foram a campo registrar e reunir histórias de vida de imigrantes alemães em São Paulo. Tendo como foco as pessoas de origem ou ascendência alemã, a pesquisa não excluiu a possibilidade de entrevistar pessoas pertencentes a ou descendentes de outras nacionalidades de fala alemã. Assim, o grupo visado compreende o segmento de pessoas oriundas de países de fala alemã, que se radicaram em São Paulo, e seus descendentes, contanto que estes últimos ainda se identifiquem de algum modo com a origem familiar e atribuam a esta algum significado para a sua vida presente. Nesse sentido, o projeto visou criar um acervo voltado a documentar e caracterizar, através das memórias narradas pelos próprios sujeitos históricos, o processo dessa imigração, sua inserção na sociedade paulistana, assim como a sua organização de vida e a de seus descendentes. A documentação abrange tanto as esferas da vida privada, como da profissional e pública, nos aspectos que se referem a tradições, costumes, hábitos da cultura de origem ainda praticados, ao uso e à importância da língua alemã, à inserção e vida profissionais, às relações e redes sociais assim como às organizações institucionais e/ou comunitárias que se originaram nesses segmentos sociais e são mantidas até a atualidade.

PARTE V

Projetos e operações

19. PROJETOS: PONTOS DE PARTIDA

Depois de ponderada a aventura dos trabalhos em história oral, seja em nível acadêmico ou institucional, são necessários cuidados em seu processo de operação. Sondagens prévias se fazem necessárias para melhor instrução dos passos e para que as etapas ganhem articulação, unidade e progressão. Assumindo que o projeto é o guia, e que preside a noção de história oral como algo além do ato de gravação de uma ou mais entrevistas sem articulação, fica aberto o desafio do planejamento continuado com etapas definidas, calibradas e evolutivas. Uma proposta de trabalho deve antes de sua redação satisfazer alguns elementos fundamentais para o bom desempenho da pesquisa. Antes de escrever um projeto, portanto, devem-se aclarar os seguintes fatores:

1. fundamentos da pesquisa geral e de seus objetivos específicos;
2. proposição de atitudes exequíveis e que facilitem as operações;
3. planejamento do material de uso (gravadores e demais produtos);
4. avaliação dos custos para a execução de todo o projeto;
5. indicação do grupo de pessoas a serem envolvidas (pesquisadores e entrevistados);
6. definição dos locais de gravação e do tempo a ser empregado;
7. decisão de: quando, onde, por quem começar;
8. escolha do "ponto zero", ou seja, da primeira pessoa a ser entrevistada;
9. avaliação das possíveis redes de colaboradores;
10. processo de gravações e a verificação da qualidade;
11. cronograma de controle do andamento geral.

Considerados esses aspectos, cabe apreciar também os fundamentos seguintes, depois de iniciada a etapa das entrevistas:

1. como passar as gravações feitas do oral para o escrito (critérios de estabelecimento de textos), ou como será editado o vídeo (critérios de edição de imagens);
2. conferência do resultado final e autorização por escrito do colaborador;
3. arquivamento adequado do material;
4. uso do produto transcrito.

Para o bom controle e desempenho do trabalho, todas essas etapas devem ser detalhadas no projeto a fim de promover a eficiência nos resultados. Deve-se prestar atenção na articulação dos procedimentos que visam a promover uma lógica evolutiva que vai desde o início do projeto até sua finalização e eventual disponibilidade pública. Essa preocupação deve ambientar todo trabalho e não vale descuidar dela, pois o endereço público dos resultados é fundamental. Os projetos de história oral diferem dos demais por tratar de matéria que se relaciona a pessoas, seres vivos, alcançáveis, que se

> Todo projeto deve ser visto como um guia essencial para uma pesquisa consequente e deve contemplar as etapas do desenvolvimento da proposta que precisa ser constantemente reavaliada.

valem de narrativas decorrentes da memória que é sempre: dinâmica, variável e, sobretudo seletiva. Toda narrativa é intencional e depende das motivações para sua realização. Não existe relato sem endereço ou vontade explícita ainda que na oralidade presida maiores espontaneidades. Exatamente por suas condições fluidas, as entrevistas de *história oral* merecem cuidados e precisam ser vistas em suas especificidades. Assim, consagra-se o princípio diretor de projetos de história oral que prezam o discurso falado como um código diferente do escrito. A escrita e a oralidade são *estados da palavra* ou, como em analogia à água, o líquido é diverso do gasoso e do gelo sólido.

Distintamente do trabalho feito com documentos escritos, arquivados sob a chancela de instituições preocupadas com o registro de situações ou fatos, a história oral se faz no presente, com pessoas vivas e, quando motivadas por projetos, atentas à produção de documentos colaborativos. Essa diferença indica virtudes e riscos inerentes ao trabalho com entrevistas. Em uma ponta reside a beleza da produção de textos, em outra a falibilidade de narrativas produzidas na zona da ousadia por lidar com matéria fluida como a memória de expressão oral. Como pressuposto operacional, isso equivale a dizer que história oral, pelo menos em sua fase inicial, é feita por contato direto, com participação interativa de duas ou mais pessoas.

20. ARMAÇÃO DE PROJETOS

Como definir um projeto para os propósitos da história oral? Sabe-se que um projeto é sugestão de encaminhamento, proposta ajuizada, planejamento, indicação de caminhos peculiares que devem ser trilhados para a boa execução

> Indica-se que projeto é uma racionalização do trabalho a ser desempenhado levando-se em conta a formulação de documentos que passam do oral para o escrito e que traduzem tensões sociais.

de um estudo, mas isso merece detalhamento. A combinação de esforço premeditado com meta a ser atingida faz do projeto condição essencial para o desempenho afirmativo da pesquisa. É qualidade do projeto ser indicador temporário, ainda que referencial. Assim, seu tempo de duração, bem como os caminhos a serem desempenhados nas diferentes etapas, devem ser controlados e equiparados.

Os projetos são produtos de sondagens prévias e, por isso, resultam de organização anterior onde a documentação e o balanço do estado atual da questão ficam condicionados às oportunidades e decisões das entrevistas. O primeiro passo a ser dado na confecção

> Projetos de história oral têm vida útil com prazo de validade.

de um projeto de história oral diz respeito à sua pertinência e lugar no conjunto das reflexões gerais. A verificação prévia do que foi produzido sobre o assunto é fundamental a fim de se evitar repetições ou mesmo negar trabalhos feitos antes. Pelo contrário, a consciência de estudos anteriores instrui a busca de novas visões que, contudo, precisam explicar a que vieram. Isso faz com que sejam assumidos quatro pressupostos que dizem respeito à oportunidade da história oral:

1. não repetir o que já foi feito;
2. não fazer um projeto por fazer, sem propósito definido;
3. não almejar ser diferente pelo mero exercício da originalidade;
4. não fazer entrevista para projetos em que o material escrito/ arquivado possa resolver as hipóteses de trabalhos.

Com isso, não se está afirmando que temas estudados não mereçam ser revisitados, mas, neste caso, é importante notar a pertinência da diferenciação entre o dito e expresso pela memória oral e o registro letrado ou expresso pela documentação escrita ou dela derivada. Tudo sem perder a condição de mudança social, essência da história oral. Convém lembrar que, como indicadores destinados à boa direção das investigações, os projetos devem:

1. ter caráter temporário, com início, meio e fim previstos;
2. indicar qual será o critério de elaboração do material;
3. orientar o andamento do trabalho em suas etapas distintas e integradas;
4. hierarquizar as prioridades, sejam técnicas, teóricas ou práticas;
5. atualizar-se em função das conquistas e barreiras supostas no projeto.

Aspectos práticos, como: despesas, manuseio de aparelhos, cuidado com os dados conseguidos fazem parte do controle do projeto. A consideração desses detalhes implica aceitar que todo projeto é constituído por subconjuntos e deve ser gerenciado. Há um "ciclo de vida" de projetos e isso facilita o acompanhamento feito por um calendário ou agenda de tarefas. Cada fase do projeto é avaliada segundo as tarefas cumpridas. A retomada dos deveres previstos convida a pensar no andamento da proposta como um todo e isso visa a calibrar o tempo e os recursos previstos. Nessa linha, a cada início de fase deve-se rever as indicações pensadas anteriormente. O final de cada etapa convida à revisão do andamento geral. Uma das características dos projetos de história oral é maior flexibilidade na condução do projeto. Por vezes, a constatação de concomitância ou mesmo de superação das etapas implica revisões. Pelo fato de as entrevistas expressarem "documentos vivos" é natural a interatividade e as surpresas que convidam a mudanças. É comum acontecer casos em que novas entrevistas se tornem necessárias ou mesmo ocorram alterações na ordem das etapas. Isso é normal, mas requer constante requalificação do projeto.

De toda forma, os projetos podem ser: individuais e coletivos. É grande a diferença entre ambos. No caso individual, os projetos são autogestionados e isso facilita a sua condução e sequência, mas, evidentemente, apresenta limitações na possibilidade de abrangência e demanda cuidados no

> Por se tratar quase sempre de entevistas, exatamente por ser história viva, podem ocorrer modificações circunstanciais nas tarefas.

controle geral. Um dos riscos em projetos individuais é que eles podem perder sutilezas de detalhes e reflexões que sempre derivam de reuniões em que os resultados são compartidos. Há riscos também nos projetos coletivos que podem se trair pelos excessos. Tudo depende da condução e, por isso, é importante haver boa direção.

Mas o que há de comum nos projetos, sejam individuais e/ou coletivos? Antes de mais nada, fala-se de empenho e oportunidade. Não se trata apenas de interesse isolado. Mesmo em se tratando de projetos individuais, temos que ter claro que a colaboração é sempre compartilhada, envolvendo pelo menos duas partes: os entrevistadores e entrevistados. Mas sendo os projetos atentos a agrupamentos – coletividades de imigrantes, torcedores de um time de futebol, irmandades religiosas, funcionários de fábrica –, a noção de coletividade ou grupo exige estabelecimento de relações articuladas.

> Cabe lembrar que os projetos são sempre exclusivos, valem para uma única experiência.

É importante saber em que organização o projeto se fará e, sobretudo, qual a oportunidade do projeto. Ao falar de oportunidade, o que se visa salientar é a importância do projeto no tempo em que se situa. Mesmo que seja iniciativa isolada, de uma pessoa ou agremiação, é relevante ter definido o grande cenário que abrigará o estudo. Se houver patrocínio, este deve ser explícito, sem ressalvas. Outra exigência é que sejam nomeadas as participações com seu fundamento básico: por que esta pessoa ou grupo?

Além dessas indagações, nos projetos coletivos algumas participações são implicadas de maneira definida, ainda que seja comum acumular funções:

1. diretor e/ou coordenador;
2. responsável ou gerente do projeto;
3. marcadores de entrevistas e de acompanhamento do cronograma;
4. supervisor de despesas e orçamento;
5. pessoal de suporte técnico (encarregado da aparelhagem e zelo pelo material);
6. pesquisadores/entrevistadores;
7. auxiliares de transcrição;
8. arquivistas;
9. orientadores sobre gastos.

Há projetos mais simples onde o acúmulo de funções é aceito sem maiores dificuldades.

21. CONDICIONANTES DE PROJETOS

É preciso clareza no tipo de projeto e em suas destinações. É condição básica definir o gênero de história oral: se institucional ou história oral intelectual. O endereçamento da pesquisa e de seus resultados é essencial para que se estabeleça o critério de organização e condução dos trabalhos, mas, principalmente, para se avaliar os resultados. Na mesma linha, torna-se preciso estabelecer se o uso – como meio ou fim – orienta-se para a história oral pura ou híbrida. No caso do cruzamento com outras fontes, o tipo de diálogo sugere procedimentos metodológicos transparentes no projeto.

Todo projeto de história oral tem que ter um *endosso* ou *patrocínio*. Entendendo por endosso o apoio teórico ou de cunho acadêmico ou moral, o que é diferente de patrocínio, que pode ir de institucional/empresarial até de financiamento absoluto, dependendo de cada caso. Mesmo em situações de trabalhos voltados ao circuito familiar ou de âmbito institucional restrito, cabe explicitar as consequências do amparo

> Na academia é válido supor estudos que aspirem completa falta de censura. Nas entidades comunitárias, dada sua vocação afirmativa, as intenções são sempre mais calibradas para a garantia dos objetivos ou das defesas grupais.

material para as pesquisas. São comuns os trabalhos mais amplos, de sentido social, acadêmico ou institucional – de ou para empresas – serem patrocinados e nesses casos torna-se vital levar em conta se os apoios:

1. impõem limites na aferição de dados;
2. permitem ampla liberdade na busca de informações;
3. farão acompanhamento dos trabalhos, controlando-os:
   a. apenas na coleta dos dados, ou;
   b. interferindo nos diferentes passos;
4. opinam no uso.

A questão do patrocínio e do endosso está diretamente ligada ao financiamento da pesquisa. No caso de entrevistas de história oral intelectual ou acadêmica, parte-se do princípio da necessidade de liberdade, que, contudo, não é tão isenta quanto se pode supor, pois em muitas situações é triada por comitês e agências; na situação dos projetos comunitários, isto é, quase sempre condicionado pelo próprio sentido dirigido da pesquisa. Em se tratando de projetos intelectuais, de regra as formas de cerceamento são muito mais sutis. Fundações e agências de fomento às pesquisas, por exemplo, definem *a priori* as linhas ou temas que ofertam bolsas ou ajudas. Nesses casos, é pela temática proposta que se faz uma pré-seleção.

Condicionantes econômicos e algumas questões éticas se colocam: seria válido o trabalho feito com entrevistas com o fim de assegurar lugar social para empresas? Quais os papéis dos pesquisadores da área ao fazer entrevistas para esse tipo de entidade? Antes de responder a essas questões cruciais, é importante dizer que os pesquisadores, mesmo contratados, não são pessoas impermeáveis a negociações. Pelo contrário, a favor de clareza, a situação de diálogo deve ser provocada, respeitando-se, porém, os espaços tolerados. Assim, em obediência ao projeto preestabelecido, é importante que o pesquisador tenha habilidade para negociar o que for possível nas propostas. Cabe, portanto, ressaltar que se reconhece importância também nos projetos que legitimam a vontade soberana dos patrocinadores. No limite, pensa-se que mesmo para futuras oposições ou leituras críticas, esses documentos servirão de referências obrigatórias.

> É importante discutir a validade dos projetos oficializados de propostas derivadas do patrocínio.

De regra, presidem preconceitos contra projetos patrocinados por firmas, pontos comerciais ou entidades da indústria, mas contra esse posicionamento lembra-se que tais produtos se constituem como memória oficial e ocupam o espaço vazio de outros trabalhos. A intenção desses projetos, muitas vezes sutil, responde à construção de memórias ditas empresariais, e assim se formulam como autoelogio ou mesmo como propaganda simples, sem necessidade de elementos justificadores de conduta.

É comum encontrar alíneas contratuais que cerceiam a qualidade dos projetos também no alcance de horas devotadas às diversas fases do trabalho, impondo pa-

> Os patrocínios, muitas vezes, impõem limites não apenas nos conteúdos, mas também no alcance das pesquisas.

drões que, muitas vezes, frustram possibilidades. Assim, por exemplo, ao estabelecer o número de horas para as entrevistas, as que poderiam render muito mais tempo são cerceadas pela verba destinada. A soma desses condicionantes ressalta a importância de projetos benfeitos.

Ressalta-se que muitas empresas preocupadas com suas próprias identidades vêm produzindo espaços para se compreenderem dentro da complexidade de relações estabelecidas em seu cotidiano entre empregadores e empregados. Assim, vê-se surgir projetos que respeitam seus colaboradores, reconhecem seu protagonismo e contemplam a diversidade e os conflitos. Tais projetos também colocam esses temas como foco de análise para a superação de situações que por vezes prejudicam o desempenho dos funcionários e da própria instituição.

Em relação aos projetos universitários, advoga-se a contextualização em ambiente crítico e capaz de instruir diálogos. A troca de opiniões, mesmo quando os interlocutores não participam do projeto, é salutar. A existência de biblioteca ou laboratórios ajuda a formulação de análises. O reverso disso, ou seja, a falta de apoio para contextualizar os projetos é sempre negativa.

Nos projetos comunitários, o grande problema é o envolvimento quase que exclusivo com os pares. Muitas vezes, a falta de crítica acaba por exacerbar os efeitos celebrativos dos projetos que deixam a desejar pelo aprofundamento exclusivo do propósito.

22. PARTES DE UM PROJETO

Um projeto de história oral deve apresentar as seguintes condições e indicadores:
1. apresentação gráfica adequada;
2. nome do autor e da instituição que ampara a pesquisa;

76 Guia prático de história oral

3. título da pesquisa;
4. justificação;
5. objetivos (gerais e específicos);
6. *corpus* documental e eventual orientação analítica (se com cruzamento de dados ou inscrição historiográfica);
7. determinação das hipóteses e problemática a ser abordada;
8. critério de escolha dos procedimentos operacionais, a saber:
   a. preparação documental (conversão do código oral para o escrito);
   b. autorização;
   c. uso e arquivamento;
   d. tratamento dos resultados;
   e. cronograma.

Vejamos cada um dos elementos indicados:

Todo projeto deve ter boa *apresentação gráfica* posto ser produto de trabalho prévio. Nessa linha, cabe a definição clara do *nome do(s) autor(es) e da(s) instituição(ões) que ampara(m) a pesquisa.* O

> Uma apresentação gráfica adequada convida o leitor a julgamento positivo da proposta e revela cuidado no preparo geral.

tom protocolar deve presidir as indicações evidenciando vínculos formais entre autoria e instituição e, se aplicável, registrar o endereço institucional e para correspondência. Essas indicações preparam o receptor para o entendimento do projeto e até facilitam indicações complementares.

Parte fundamental do projeto em história oral é o *título da pesquisa*, pois esse é passo-chave para o conhecimento do conteúdo do projeto. Um bom título da pesquisa deve conter pelo menos quatro partes, pois sua decomposição facilita a indicação de situações contempladas na pesquisa. A pertinência do título é importante por ser uma espécie de preparação para o que vem a seguir. São elementos recomendados:

1. assunto a ser abordado;
2. recorte do tema especificando sua aplicação;
3. espaço e tempo do caso estudado;
4. procedimento ou metodologia aplicada.

Assim, por exemplo, considera-se bom título sobre trabalho de migrantes brasileiros o seguinte: "Migração e testemunhos: história oral de vida de nordestinos no Rio de Janeiro – 1958-2007". A decomposição do título expressa algumas questões de fundamental importância, a saber:

1. o tema da migração do Norte/Nordeste para o Sul/Sudeste do Brasil, a movimentação de nordestinos no quadro geral das migrações brasileiras;
2. a condição da cidade do Rio de Janeiro como polo de recepção dos nordestinos (diferentemente de outras situações como a de São Paulo ou de Brasília);
3. história oral de vida, como recurso ou procedimento operacional;
4. a data de 1958, por coincidir com uma importante seca e a construção de Brasília, que motivou o que se chama de "indústria da seca"; e o limite 2007, ano em que, no Rio de Janeiro, se inaugurou o Centro de Cultura Nordestina, no Pavilhão de São Cristóvão .

Outros exemplos:

"Sobreviventes do Holocausto em São Paulo no pós-Segunda Guerra Mundial: grupos de procedências variadas"; "Mulheres no Movimento dos Trabalhadores Sem Terra: mães do assentamento Camilo Torres – história oral de vida"; "Costureiras e comerciantes do circuito produtivo cearense da Rua Monsenhor Tabosa: relações de gênero"; "Empresários têxteis catarinenses no setor produtivo nacional: história oral de atividade industrial – 1950-2000". "A greve do ABC paulista de 1978: história oral de funcionários de montadoras"; "Formação profissional dos marinheiros da Escola Naval do Realengo, RJ. Turma de 1964".

Todo trabalho de história oral deve arrolar claramente seus objetivos. O *porquê*, outra vez ganha dimensão de relevo. Os *objetivos* podem ser *gerais e específicos*. Alerta-se para que os objetivos não sejam em número exagerado. Recomenda-se que dois ou três seja o número de objetivos específicos e de igual número os gerais. É errado supor que uma pesquisa deva carregar número exagerado de metas. Estes, por sua vez, devem cobrir questões temáticas ou do assunto abordado – objetivos específicos – e de procedimentos operacionais ou metodológicas – objetivos gerais.

78 Guia prático de história oral

A boa realização de qualquer projeto em história oral deve entender o deli-
neamento cuidadoso do *corpus documen-*

> Um bom projeto deve ser transpa-
> rente na proposta de diálogos docu-
> mentais, com outras fontes.

tal a ser usado. Assim, a definição de que se tratará de história oral pura
ou híbrida, com ou sem o cruzamento de entrevistas é essencial. Desdobramento natural disto é a orientação analítica, a explicitação de eventual cruzamento de dados ou inscrição historiográfica. Preza-se a existência
de situações em que as entrevistas dialoguem com redes diferentes, como
no caso de estudos sobre tortura onde torturados e torturadores se constituem em redes diferentes.

Do estabelecimento do *corpus* documental deve-se extrair a *determinação da problemática a ser abordada*, ou seja, o problema central do estudo. Toda pesquisa em história oral deve, obrigatoriamente, responder
a uma razão. Necessidades variadas motivam projetos de história oral.
Seja pela validade de busca afirmativa de grupos, para esclarecimento de
papéis sociais, diagnóstico de situações complexas ou efeitos terapêuticos
de casos traumáticos, a história oral se justifica. De toda forma, é preciso
delinear um problema central ou uma problemática (conjunto de situações pendentes e carentes de posicionamento).

Os *procedimentos operacionais* visam orientar a conduta da pesquisa.
Nesse sentido, torna-se importante definir o tipo de entrevista a ser feita,
bem como local, duração e demais situações de gravações. As entrevistas
podem ser únicas ou múltiplas, individuais ou coletivas, realizadas em
espaço escolhido pelos colaboradores ou
não. Feitas as entrevistas, a fase seguinte
é de preparação documental. No caso de
um texto, de versão do oral para o escri-

> As diversas partes do projeto devem
> ser complementares e harmoniosas,
> além de indicativas e sugestivas.

to, estes critérios devem ser estabelecidos no projeto, pois uma postura
é a simples transcrição, outra é a transcriação. No caso da simples transcrição, se obedece à fidelidade possível da gravação – com erros, barulhos, ruídos – e sob a segunda alternativa realiza-se o que vulgarmente se
conhece como "edição", ou como mais apropriadamente se diz, "transcriação", ou seja, o processo de eliminação de perguntas (textualização) e
finalização com o texto arrumado, *autorizado* pelo colaborador, que deve
se identificar com o resultado.

Definidos os passos dessa etapa, as formas de uso do material, bem como o critério e o lugar do depósito do material, devem também ser explicitados.

O que será feito dos resultados, se um catálogo, relatório, artigo, tese, publicação, documentário, seja o que for, deve constar do projeto. Na mesma linha o *cronograma* e o *eventual amparo bibliográfico* devem integrar as indicações do projeto.

RESUMO

1. Não revelar partes do projeto antes de suas conclusões parciais previstas. Isso também faz parte dos procedimentos que devem compor o andamento da pesquisa e ser inscrito no cronograma o momento dessa possível revelação.
2. Só se faz história oral quando não há outro recurso, escrito, por exemplo. Aspectos éticos do trabalho com história oral devem presidir escolhas de colaboradores que justificam onde não é viável a feitura de estudos pelo patrimônio delegado previamente.
3. O número de pessoas envolvidas é de fundamental definição.
4. Não se deve arrolar número exagerado de colaboradores, pois todo trabalho de história oral deve se valer de casos aproveitáveis.
5. Aplica-se a lei "dos rendimentos decrescentes", ou seja, quando um argumento se esgota e passa a ser repetido muitas vezes quer dizer que não se faz mais necessário continuar com entrevistas. Esse é um aspecto delicado, pois um projeto deve contemplar previsões calibradas.

PARA PENSAR

"Qualquer projeto de estudo segue regras que orientam sua elaboração. Por se tratar de um planejamento de pesquisa, é necessário ter clareza na constituição das partes que se integrarão de maneira harmônica ao conjunto. Os projetos visam a responder um problema central, pré-formulado e isto requer preparação. Não se improvisa um projeto. Pelo contrário 'arma-se uma proposta'. Há, contudo, um vício constante em quem elabora projeto: considerá-lo uma camisa de força. O projeto deve sim ser seguido, mas cabe admitir que alguns casos, dada a matéria que trata, tenham flexibilidade."

Rubem Figgot

PARA ENTENDER

Um projeto de história oral pode supor um caminho determinado *a priori*. É comum, contudo, acontecer de no caminho se descobrirem outras situações, não previstas. Suponhamos, por exemplo, que num projeto sobre uma comunidade de pescadores, com o objetivo de promover políticas públicas voltadas ao ensino de técnicas novas de trabalho com redes, ao ser feito o levantamento sobre as práticas usuais, descubra-se que para aqueles trabalhadores não há interesse em melhorar os resultados. Em entrevistas, detecta-se que o dono dos terrenos onde eles habitam os coage a manter técnicas antigas, pois as inovações seriam prejudiciais ao seu negócio. Nesse caso, o projeto tinha um objetivo hipotético diverso, as gravações, no entanto, mostraram outros problemas. Nada mais justo e oportuno, pois, que reorientar o projeto a fim de propor outras políticas públicas que não o ensino das técnicas novas de pescaria. Prioritariamente, seria importante solucionar o problema das moradias. É evidente que o projeto de aprimoramento técnico deve ser aplicado em outro momento.

PARTE VI

Gêneros narrativos em história oral

23. HISTÓRIA ORAL DE VIDA

Ao corrigir o grave equívoco que confunde entrevistas em geral com história oral, cabe apresentar suas variantes de gênero operacional.

História oral de vida é gênero bastante cultivado e com crescente público. Trata-se de narrativa com aspiração de longo curso – daí o nome "vida" – e versa sobre aspectos continuados da experiência de pessoas. Trata de um tipo de narração com começo, meio e fim, em que os momentos extremos – origem e atualidade – tendem a ganhar lógica explicativa. Nessa linha, desde logo, a possibilidade condutiva do narrador merece cuidados a fim de gerar liberdade na autoconstrução do colaborador. Não se trata de biografia no sentido dos textos produzidos segundo a expressão escrita, marcada por fatos notáveis da vida do entrevistado e sempre apoiada em outros suportes que não a fala. Supondo-se que a memória e as circunstâncias narrativas não obedecem à sequência lógica dos fatos, a entrevista de história oral de vida ganha foros de construção poética ou literária. Pela circunstância da expressão oral, a memória se exacerba em dois pontos principais:

1. o processo seletivo do que dizer é muito mais exposto;
2. o narrador tem um perfil ou algo a revelar.

Exatamente para garantir essas dimensões, recomendam-se entrevistas livres ou abertas, o mais possível. Condena-se condução, por meio de questionários ou perguntas fechadas, em entrevistas de histórias orais de vida. Com essa postura, permitem-se entradas em territórios de difícil acesso como: vida privada, construção de afetos

> Uma coisa é história oral de vida, outra, bem diferente, é biografia.

pessoais e coletivos, visões subjetivas, reações do particular no conjunto de opiniões gerais. É verdade que antes dos gravadores ou filmadoras, a *história de vida* já se apresentava como recurso usado por antropólogos e sociólogos, mas sempre elaborada segundo os procedimentos tradicionais derivados dos documentos escritos e da cadência concatenada dos fatos experimentados. Valendo-se de cartas, diários, fotografias, enfim, dos chamados "documentos do eu", a "velha" história de vida se posicionava como decorrência das fontes históricas tradicionais. É por isso que vale lembrar que em história oral de vida não cabem "ilusões biográficas". Trata-se de uma construção de conhecimento sobre a pessoa de outra natureza.

Bastante desenvolvida nas culturas anglo-saxônicas, as histórias de vida se mostraram correlatas à popularidade do consumo das biografias também comuns naqueles círculos. Entre nós, graças à influência da corrente britânica, liderada por Paul Thompson, a história oral de vida tem se recolocado como desdobramento de trabalhos com oralidade. É possível, por meio dessa

> A história oral de vida, na academia brasileira, por ser herdeira da tradição anglo-saxônica, compromete o amplo impacto da influência francesa que mais preza a escrita.

afirmativa, propor outro argumento interessante capaz de promover explicação da recusa da historiografia nacional – em termos de trabalhos feitos sob a chancela da história oral acadêmica – que valoriza mais os temas do que trajetórias de vida.

A experiência, em sentido amplo, deve ser o motivo das *histórias orais de vida*, pois não se busca a verdade, e sim a versão sobre a moral existencial. Nas entrevistas de história oral de vida, as perguntas devem ser amplas, funcionar como estímulos, sempre colocadas em grandes blocos, de forma a dar liberdade de escolha dos fatos e impressões. Ressalta-se que mesmo sendo o fator cronológico ou sequencial o mais usado, há outras alternativas. Existem casos em que os colaboradores optam por contar a própria história segundo outros critérios, como a partir de uma sequência surpreendente, valorizando o inesperado. Cientistas que trabalham com experiências de laboratórios, por exemplo, ao narrarem os resultados de suas pesquisas, sempre pautam a própria história segundo os resultados conseguidos. Ainda que essa também seja uma solução temporal, não é o tempo cronológico que marca a sequência narrativa. Grupos analfabetos ou isolados dos segmentos que se veem historicamente como a essência do mundo capitalista desenvolvem outras soluções narrativas em função do tempo. Em muitos casos, a variação se dá pela substituição da ideia de sequência dos acontecimentos pela opção de assuntos marcantes na vida dos narradores. Nesse caso, não se faz obrigatória a ordem cronológica dos acontecimentos, e sim a valorização subjetiva de detalhes.

A história oral de vida, ao trabalhar com a experiência, sugere entendimento do espaço pessoal, subjetivo, e supõe-se que haja também um roteiro muito menos factual e mais vinculado a outras alternativas que revelam, por exemplo, as narrativas pessoais através de impressões, medos, sentimentos, sonhos. Com isso, quer-se afirmar que não há necessariamente um caminho obediente à continuidade material dos fatos e, assim, se reconhece na

> A possibilidade de a história oral de vida explorar aspectos da intimidade individual é uma alternativa que ganha espaço na medida em que os estudos sobre a vida privada são cultivados.

história oral de vida a promessa de uma história do subjetivo. Existem autores que diminuem o valor subjetivo da história oral de vida, mas, nesses casos há confusão entre história oral de vida e história oral testemunhal. Naquela presidem visões pouco reveladas. Nesta, a busca de uma versão experimentada por vítimas. Convém lembrar que pelo fato de a história oral de vida permitir visita a outras esferas da vida, ela se coloca como alternativa relevante. Exatamente aí reside o seu maior mérito e risco.

A história oral de vida é sempre um "retrato oficial", uma versão "fabricada", "intencional". Nessa direção, a "verdade" reside na versão oferecida pelo narrador, que é soberano para revelar, ocultar, negar, esquecer ou deformar casos, situações. Pelo encaminhamento mais comum que se adota para a história oral de vida, a periodização da existência do entrevistado é um recurso relativo por organizar a narrativa acima de fatos que serão considerados em contextos vivenciais subjetivos. A personalização do enquadramento da narrativa deve valorizar os vetores que indicam a história do indivíduo como centro das atenções. A fim de evitar "especulação condutora", resta a alternativa dos grandes blocos de perguntas, que devem ser divididos em três ou quatro partes. Quanto menos o entrevistador falar, melhor. A participação do entrevistador deve ser sempre estimuladora e jamais de confronto, seja qual for a intenção do projeto.

A questão da verdade neste ramo da história oral depende exclusivamente de quem dá a entrevista. Se o narrador diz, por exemplo, que viu um disco voador, que esteve em outro planeta, que é reencarnação de outra pessoa, não cabe duvidar. Afinal, esse tipo de verdade constitui um dos eixos de nossa realidade social e, em último caso, não estamos buscando saber se existem (ou não) objetos voadores não identificados ou extraterrestres. O que se busca é entender a forma de organização mental dos colaboradores. Em particular os projetos que trabalham com temas ou vidas de religiosos, esotéricos ou místicos têm, por princípio, que respeitar a exposição do outro observando os valores e a visão de mundo das pessoas. Evidentemente, isso tem implicações éticas que merecem cuidados em relação ao uso dessas experiências. Seja pela opção subjetiva ou não, a entrevista de história oral de vida, deve registrar na gravação a ficha técnica do entrevistado – nome completo, idade, local e data do encontro. Caso se trate de entrevistas múltiplas, repete-se a operação.

24. HISTÓRIA ORAL TESTEMUNHAL

A história oral testemunhal é outro gênero de história oral. Caracterizada por narrativas afeitas às vivências dramáticas e de consequências graves, a história oral testemunhal, mais do que documentar e permitir análises, dimensiona ações voltadas ao estabelecimento de políticas públicas inerentes à "reparação". Trata-se, pois, de propostas de cunho político, mas nem por isso menos histórico ou social. Desconhecido e pouco explorado ainda, os procedimentos operacionais de situações de traumas reclamam lugar que qualifique a pesquisa sobre "situações-limite".

São plurais os elementos justificadores da demora no reconhecimento desse gênero no conjunto das demais formas de captação de experiências por entrevistas. Pesou sempre, muito, o silêncio que se segue aos eventos agudos e de repercussão dramática. Aos "perdedores" ou vítimas, os sacrifícios para a sobrevivência se impõem gerando esforços que apenas depois de amainados motivam reflexões. Aos "vencedores", pelo teor continuísta,

> É preciso distinguir as práticas de história oral de vida das aplicáveis à história oral testemunhal.

cabe evitar o reconhecimento das atrocidades e "superá-las" com uma "cultura heroica" amortecedora da culpa. O silêncio domina a cena até que os testemunhos ganhem lugar. É importante ressaltar que não se trata apenas de silêncio de vozes, pois o tratamento documental também acarreta danos, na medida em que, quase sempre, inexiste ou é fortemente censurado pelos perpetradores.

Até pouco tempo confundia-se história oral testemunhal com história oral de vida. Mais recentemente, em particular em virtude de campanhas de "reparação" e "ressarcimento", o panorama tem mudado. Isso se deve às campanhas de direitos civis e da criação de organismos de sonoridade universal, com destaque em culturas que padeceram de perseguições e extermínios como matanças coletivas e confinamentos excludentes. É aí que os testemunhos se projetam como argumentos. Alguns dos mais importantes germinadores da abordagem moderna da memória estão diretamente ligados às virtudes desse tipo de trabalho, em particular com vivências em situações em que o extermínio implicou também a não existência de documentação sobre as vítimas. E não se fala apenas do caso do Holocausto. O apartheid na África do Sul ou a "limpeza étnica" em países do Leste Europeu permitem vislumbrar a necessidade de narrativas capazes de projetar a relevância do testemunho e suas implicações na sociedade contemporânea.

A história oral testemunhal se faz imperiosa em caso de entrevistas com pessoas ou grupos que padeceram torturas, agressões físicas relevantes, ataques, exclusões, marcas que ultrapassam a individualidade. Por afetar gerações ou interferir no andamento das relações sociais, esses eventos merecem tratamentos especiais e justificam o "trabalho de memória", que ganha condição de dever social. A constância e gravidade dessas ocorrências mostraram que a história oral de vida não daria conta da centralidade de traumas de grave repercussão social. Sim, a centralidade do caso traumático muda o enfoque vivencial. É a magnitude do drama que se torna o núcleo da narrativa e as entrevistas não podem perder esse cerne. Os demais acontecimentos ou impressões das experiências anteriores apenas devem compor um roteiro capaz de instruir a situação da tortura, confinamento e demais protocolos da segregação. E as entrevistas devem prestar atenção a isso e não deslocar o cerne do encontro. Colocando o caso na perspectiva analítica da história oral, verificou-se, com o tempo, a necessidade de procedimentos operacionais específicos, capazes de caracterizar a barbárie e apontar efeitos ou "políticas de reparação".

Entrevistas com pessoas que padeceram traumas merecem cuidados que vão da atitude moral aos critérios de abordagens. Em se falando de ética, é preciso cuidado para deixar o narrador à vontade, pois em muitos casos, sob tortura ou ameaça, vítimas são forçadas a atitudes estranhas e essa condição particular precisa ser preservada em favor de causas imperiosas. Em tantos casos também preside o uso da situação de entrevista como espaço de denúncia, o que é legítimo e deve ser respeitado. Considerando essas circunstâncias, valorizam-se os "estímulos" em vez de "perguntas objetivas" e

> Questões como "segredos", "ocultamentos", "silêncios" devem ser respeitadas.

na mesma ordem, recomenda-se a colocação de questões amplas, conjuntas, multifacetadas, capazes de dar condição de escolha aos colaboradores. Essas atitudes éticas remetem ao andamento ou cadência das entrevistas. No caso, a proposta antes vislumbrada como história oral de vida serve como chão para os testemunhos, mas cuidados especiais devem ser tomados a fim de abreviar as narrativas que merecem ser tomadas como indicativas do futuro, ou seja, fatos, impressões, juízos que apontem a fatalidade específica da situação do trauma.

É natural que a história oral testemunhal tenha se desenvolvido mais na Alemanha e em função de questões ligadas à África do Sul e Ruanda. Essa constatação, no entanto remete ao questionamento do caso brasileiro. Seria possível abordar o tema aqui? Evidentemente, as ditaduras políticas arrastam em sua órbita traumas profundos, mas além disso, outras situações culturalmente dramáticas valem como indicação. As secas no Nordeste e as consequentes migrações podem ser qualificadas como motivadoras de traumas. A luta de sujeitos contra injustiças e exclusões históricas, como é o caso do Movimento dos Trabalhadores Sem Terra, merece ser enquadrada nesse contexto. Esse debate convida a outro desdobramento da história oral testemunhal, ou seja, à questão da sincronia de situações traumáticas que ocorrem em tempos diferentes.

Na vida cotidiana, fatos como violência doméstica, em particular agressão contra a mulher, caracterizam-se como motivos traumáticos. Por acontecerem no interior das casas, no âmbito da vida privada, parecem

88 Guia prático de história oral

isolados e, portanto, muitas vezes não são relacionados a elementos mais coletivos. Ou seja, por não se constituir um movimento ou implicar consciência explícita, essas manifestações não são corriqueiramente vistas como dramas coletivos. Advoga-se, contudo, a condição de trauma e, portanto, capaz de integrar o coletivo que justifica a história oral traumática.

A propriedade da discussão sobre história oral traumática no Brasil é, sob todos os aspectos, oportuna, pois além de colocar em questão versões da nossa "história incruenta", possibilita a retomada do compromisso político inerente à história oral.

25. HISTÓRIA ORAL TEMÁTICA

Uma importante pesquisadora do tema "memória", Marita Sturken, defende que a história oral temática é a que mais se aproxima das soluções comuns e tradicionais de apresentação dos trabalhos analíticos em diferentes áreas do conhecimento acadêmico. Quase sempre, em história oral temática, equipara-se o uso da documentação oral ao das fontes escritas. A subjetividade perde parte da sua consistência, nesses casos. A história oral temática é, quase sempre, usada como técnica, pois articula, na maioria das vezes, diálogos com outros documentos.

Alguns trabalhos acabam valendo-se do produto da entrevista como se fosse apenas mais um documento, na busca de esclarecimentos sobre o tema estudado. Nesses casos, o grau de atuação do entrevistador como o condutor dos trabalhos fica muito mais explícito. Mesmo assim, seria equivocado considerar o entrevistado um informante no sentido superado do termo. Por partir de um assunto específico e previamente estabelecido, a história oral temática se compromete com o esclarecimento ou opinião do entrevistador sobre algum evento definido. A objetividade, portanto, é mais dirigida, ainda que seja inviável supor objetividade absoluta em expressões da fala espontânea. A hipótese de trabalho neste ramo da história oral é testada com insistência e, por isso, o recorte do tema deve ficar de tal maneira explícito que conste das perguntas a serem feitas ao colaborador. Não se deve confundir nesse caso "pergunta" com "estímulo".

Mesmo considerando que a história oral temática é narrativa de uma variante do fato, pretende-se que ela busque a versão de quem presenciou um acontecimento ou que pelo menos dele tenha alguma variável que seja discutível ou contestatória. Como a verdade no caso é um elemento externo, o entrevistador pode e deve apresentar outras opiniões contrárias e discuti-las com o narrador, mas com a finalidade de elucidar uma versão que é contestada, nunca para se contrapor ao colaborador. Dado seu caráter específico, a história oral temática ressalta detalhes da história pessoal do narrador que interessam por revelarem aspectos úteis à instrução dos assuntos centrais. Esse gênero de história oral não só admite o uso de roteiros ou questionário, mas, mais do que isso, estes se tornam peça fundamental para a aquisição dos detalhes procurados.

> A distinção entre "perguntas" e "estímulos" é um dos segredos das entrevistas. Pretende-se em história oral de vida dar espaço para a expressão seletiva da memória, conduzir o menos possível ao encontro.

Há casos em que o colaborador solicita com antecedência o questionário, ocorrendo também situações em que isso não acontece. Não há problemas em fornecer a lista de perguntas ao narrador. Deve-se, na medida do possível, proceder da mesma forma com todos os envolvidos no mesmo projeto. Os questionários podem ser diretos e indutivos ou indiretos e dedutivos. No primeiro caso, a entrevista deve se ater ao fato em causa e a sessão será breve. No segundo, marcado sempre por maior complexidade, as questões buscadas devem ser contextualizadas e seguir uma ordem de importância capaz de inscrever os tópicos principais em análises do narrador.

Há projetos temáticos que combinam algo de história oral de vida. Nesses casos, o que se busca é o enquadramento de dados objetivos do narrador com as informações colhidas. Essa forma de história oral tem sido muito apreciada porque mescla situações vivenciais, a informação ganha mais vivacidade e sugere características do narrador. Os resultados dos questionários quase sempre devem manter as perguntas, pois refletem a construção do encontro, como advoga Alessandro Portelli.

Vejamos um exemplo em situações de projetos objetivos. Nessa situação, deve-se começar pela pergunta mais importante. Suponhamos,

Guia prático de história oral

no caso, que o estudo vise analisar a participação pessoal e o impacto familiar em um movimento grevista que resultou em perda do emprego. Imagina-se, então, o seguinte roteiro apresentado ao colaborador depois de se ter explicado o projeto:

1. Como se deu sua adesão ao movimento?
2. Quais as principais etapas de sua participação?
3. Como você se sentiu em face do andamento da greve?
4. Quais os efeitos da greve em relação aos companheiros?
5. E junto à direção do movimento?
6. O que achou do resultado em termos de grupo e pessoal?
7. Como reagiu em função da perda do emprego?
8. Como sua família viu o problema?
9. Qual sua avaliação hoje dessa manifestação?
10. Faria tudo outra vez?
11. Que lições tirou dessa experiência?

Como se vê, há um lote compacto de perguntas, que, em conjunto e integradas a um número considerável de outras entrevistas, permite analisar com maior especificidade uma situação pontual. O procedimento – indutivo no caso – procura, a partir do enquadramento específico do tema (a adesão ao movimento), induzir a pessoa a contemplar os resultados em âmbito familiar. No trajeto, o questionário permite acompanhar tanto o envolvimento pessoal quanto a sequência dos fatos.

Há situações em que cabe maior ambientação do problema proposto para análise. Nesse sentido, o questionário deve alargar os horizontes que integram os fatos. À guisa de exemplo, convém mostrar que, em vez de se ir direto ao assunto, o entrevistado deve ir, por estímulos revelados nas perguntas, evidenciando a formação (profissional, por exemplo) e as circunstâncias que levaram o colaborador a determinar a participação nos acontecimentos trabalhistas (no caso do mesmo exemplo). Assim, o envolvimento da pessoa, bem como seu perfil, ficariam mais explícitos e a lógica das perguntas permitiria expandir o contexto possibilitando uma maior objetividade analítica. Vejamos como se pode propor um questionário dedutivo sobre o mesmo tema:

1. Narre a sua trajetória profissional antes de chegar a esta fábrica.
2. Como chegou ao seu posto atual?
3. Que vantagens e problemas você notou ao assumir o cargo?
4. Como tem sido seu relacionamento com os companheiros?
5. E com a direção sindical?
6. E com a direção da fábrica?
7. Quais os grandes problemas da empresa relacionados aos funcionários?
8. Como as soluções têm sido encaminhadas?
9. Quais as etapas da montagem da greve?
10. Como se deu sua adesão a ela?
11. Que tarefas cumpriu e como se via no contexto?
12. Quais os riscos que achava estar assumindo?
13. Como sua família via o caso? Apoios? Medos?
14. Como contou aos familiares o resultado?
15. Faria tudo outra vez?

Comparando um procedimento (indutivo) com o outro (dedutivo), pode-se perceber os efeitos da condução da entrevista.

26. TRADIÇÃO ORAL

Cabe lembrar que a memória transmitida pela fala não favorece exatidões de dados quantitativos e nem se pode exigir dessas narrativas a confiabilidade nos detalhes. Quando se trata de histórias transmitidas através de várias gerações, elementos subjetivos interferem de maneira a fazer esse tipo de narrativa algo específico, pouco apto aos apoios historiográficos que buscam fatos comprováveis.

Uma das mais complexas e raras expressões da história oral é a *tradição oral*. Por trabalhar com a transcendência do tempo e admitir interferência dos mitos e demais valores de explicação não racional, a tradição oral é vista como algo menos aceito na comunidade acadêmica, sendo preferencialmente de interesse de antropólogos. Como narrativa de comunidades

92 Guia prático de história oral

que têm valores filtrados por estruturas mentais asseguradas em referências do passado remoto, a tradição oral percebe o indivíduo e o grupo diferentemente da história oral de vida e da história oral temática. Variam também os procedimentos de apreensão das narrativas.

Sociedades ágrafas são ricos mananciais da tradição oral. Não só elas, porém. Em muitos casos, a exposição de um grupo à dominação de outros permite que as tradições dos dominados se adaptem de maneira a criar mecanismos de sobrevivência. Pode-se dizer que existem dois tipos de tradição oral: uma natural, típica de sociedade que ainda mantém a originalidade de suas manifestações – no interior da África ou entre índios que se isolam em florestas; no segundo caso,

> A moderna tradição oral é recurso desafiante de investidas, em particular para o trabalho com lendas, ditos populares e músicas.

pode-se falar em moderna tradição oral, que na sociedade capitalista, com todos os avanços tecnológicos, é transmitida pela música popular. Um bom exemplo é a referência que se faz à Angola na cultura brasileira. O número de canções que remetem a aspectos da vida angolana é contraste perfeito do ralo número de estudos sobre aquela presença em nossa História.

Uma manifestação frequente na tradição oral se dá pela busca dos mitos fundadores. Nesse caso, devem-se aplicar as técnicas da reconstrução do passado a fim de se produzir documentos capazes de possibilitar um acesso às análises devotadas tanto às explicações internas do grupo como às relações externas. A tradição oral, no caso, deve revelar além das estruturas e comportamentos do grupo a noção de passado e presente daquela cultura. Ainda que a tradição oral também implique entrevista com uma ou mais pessoas vivas, ela remete às questões do passado longínquo que se manifestam pelo que chamamos de folclore e pela transmissão geracional, de pais para filhos ou de indivíduos para indivíduos.

São aspectos caros aos estudos da *tradição oral*: a origem dos povos; as crenças referentes às razões vitais de grupo e ao sentido da existência humana enquanto experiência que imita a vida; o destino de deuses, semideuses, heróis e personagens malditos e históricos; e experiências negativas, pragas, abalos sísmicos ou outras tragédias.

Gêneros narrativos em história oral **93**

Há alguns princípios que organizam a teoria dos mitos que devem estar em mente ao se elaborar um projeto de tradição oral. Assim, pode-se pensar nos chamados mitos de origem (aparecimento do mundo, da vida, dos seres humanos); referenciais sobre os instintos vitais básicos (reprodução e alimentação); explicações sobre a lógica da História (guerras, pragas, mortes); indicações do destino pessoal (sorte ou não no casamento e nos negócios); explicações sobre o comportamento extraordinário (possessões, acessos). Esses fatores devem ser sempre equiparados aos grandes sistemas de mitos explicativos da história. Isso faz com que o investigador, obrigatoriamente, tenha conhecimentos universalistas a fim de oferecer comparações que mostrem a coerência entre as linhas interpretativas da humanidade. Eis alguns exemplos de sugestões mitológicas que servem de princípios recorrentes para diversos grupos: terra prometida; povo escolhido; paraíso; princípio original; defesa heroica; eterno retorno; a vitória do bem contra o mal; a volta do messias; a voz divina.

> A potencialidade dos mitos antigos aplicados à modernidade é fonte exuberante para se pensar as tradições.

O calendário, as festividades, os rituais de passagens, as cerimônias cíclicas, as motivações abstratas de tragédias eventuais e doenças endêmicas ou epidêmicas são matéria da tradição oral. O sujeito, nesse tipo de pesquisa, é sempre mais coletivo, menos individual, e por isso a carga da tradição comunitária é mais prezada e presente porque continuada. Ainda que seja comum o uso da tradição oral em grupos fechados, como tribos ou clãs que resistem à modernização, é possível fazer trabalhos de tradição oral em sociedades urbanas, industriais onde a resistência aos padrões dominantes exigem ritualizações de práticas ancestrais.

Mesmo em sociedades modernas, regidas por máquinas, há casos em que a reserva mítica aflora como recurso explicativo. Estudos de bairros, cidades ou mesmo regiões evocam eventualmente situações interessantes. Um exemplo desse comportamento que se enquadra na moderna tradição oral pode ser aferido na percepção dos moradores do bairro da Urca, no Rio de Janeiro, por exemplo. Aquela comunidade se explica pela conjugação de três mitos principais: paraíso – lugar ideal pela paisagem e qualidade de vida; princípio original – onde tudo teria começado e, no caso do Rio de Janeiro, lugar de nascimento da cidade, da primeira rua, primeira fortaleza; defesa heroica – elemento capaz de explicar as fortificações e presença de nove instituições militares. Esse conjunto formula uma visão positiva da comunidade que se vê, inclusive, diferente, melhor, mais privilegiada, do que o restante do conjunto carioca ou brasileiro.

Os resultados de trabalhos de tradição oral, geralmente, são ainda menos imediatos que os demais. Porque requerem participação constante e observações intensas, além de acompanhamento atento que sempre extrapola o nível da entrevista, a tradição oral é de execução mais lenta e exige conhecimentos profundos tanto da situação específica investigada como do conjunto mitológico no qual a comunidade organiza sua visão de mundo. Um conjunto de mitos ajuda o estabelecimento de pressupostos abertos à construção dos documentos e da análise das tradições orais. Princípios mitológicos orientam a percepção popular sobre o fundamento e o destino de comunidades.

Além da observação constante, no caso da tradição oral, a entrevista deve abranger pessoas que sejam "depositárias das tradições". Todo agrupamento humano – familiar ou não – tem alguém, quase sempre entre os mais velhos, que guarda a síntese da história do grupo. Essa pessoa é sempre indicada para ser entrevistada. A partir dela, outras pessoas, de gerações posteriores ou de segmentos diferentes tanto em termos culturais ou sociais, devem também ser envolvidas. Os casos de tradição oral implicam o uso do que se chama de "narrativas emprestadas". Como para a explicação do presente a tradição oral necessita da retomada de aspectos transmitidos por outras gerações, dá-se o empréstimo do patrimônio narrativo alheio, quase sempre herdado dos pais, dos avós e dos velhos. Ainda que a tradição oral seja a menos desenvolvida das três áreas da história oral no Brasil, apresenta-se um fértil campo para esta alternativa.

> A transmissão oral em família é sempre possibilidade de pensar as relações definidas pelas regras não escritas.

Consideremos um exemplo lembrando que a tradição oral opera com aspectos sociais subjetivos. Para muitas sociedades ágrafas, o trabalho com os sonhos é recurso fundamental para o entendimento dos mecanismos perceptivos da comunidade. Em estudo sobre os suicídios dos índios kaiowá, por exemplo, sabe-se que pelos sonhos pode-se perceber a estruturação das crenças do grupo. Em sonho narrado por um "rezador", Nenito, (Meihy, *Canto de morte kaiowá*, 1991: 263), foi dada a chave para o entendimento de que é na garganta e na voz que residem os fatores, à vista deles, essenciais para justificar a vida. Vejamos a narrativa que relaciona o sonho com o irmão assassinado com um tiro na boca:

> Um dia eu sonhei com meu irmão Marçal... ele estava num lugar que era o tipo de um jardim... mas era um jardim diferente, nem claro nem escuro... e lá, o finado Marçal olhou para mim e disse: "Eu estou morando aqui...", ele olhou bem para mim e disse: "Ganhei quatro papagaios", e, então eu entrei no lugar em que estavam os papagaios e era assim: tinha um tipo de uma árvore onde eles ficavam... é uma coisa tão linda que a gente não pode nem falar... não tem palavras para descrever o lugar...

Pelo sonho veio a transparência de uma tradição oral, do mito do paraíso terrestre. Na mesma medida, a explicação do significado da boca e da voz para aquele grupo. A tradição oral, contudo, também se modernizou. Não cabe pensar que as conquistas da eletrônica moderna, por exemplo, anularam processos de transmissão oral tradicional. A música popular tem sido importante para dimensionar formas de visão de mundo. A verificação, por exemplo, de visões sobre tipos étnicos ou sociais – os mulatos, índios, árabes, judeus, portugueses – pode mostrar como a transmissão de padrões é mantida pela oralidade.

27. BANCOS DE HISTÓRIAS

Prática ainda pouco comum no Brasil, os chamados *bancos de histórias* se mostram como recurso fundamental para a formulação de documentos sobre experiências de grupos. Apropriada para i/emigrantes, comunidades submetidas a situações incomuns, entidades em busca de redefinição social, os bancos funcionam como coleções ou séries de histórias de vidas produzidas para:

1. promover a coleta planejada de experiências;
2. favorecer o autoconhecimento grupal;
3. instruir políticas públicas direcionadas à integração social;
4. reunir documentos capazes de permitir estudos futuros sobre adequação social.

Um dos primeiros cuidados a serem tomados para a elaboração dos bancos de histórias visa a sua pertinência. Isso induz pensar que os grupos menos favorecidos pelas fontes convencionais se colocam em meta de prioridade. Não se pensa em algo próximo à "História dos vencidos", mas não se despreza a vertente que contempla a chamada "História vista de baixo" ou da "outra História". Nesse sentido, cabe justificar o critério de escolha de segmentos a serem abordados

Até mesmo grupos ditos privilegiados em termos de posicionamento econômico ou de formação cultural institucional têm seus "intervalos", ou seja, parcelas refutadas em termos de tolerância ou aceitação sociocultural. Portadores de deficiências físicas, seguidores de crenças proscritas ou de orientação sexual diversa da considerada aceita, independem de classe social. Esses, pois, se enquadram nos critérios de escolhas. De maneira mais evidente, porém, analfabetos, mulheres ou menores violentados, trabalhadores sem estatutos reconhecidos, bem como população marginalizada se enquadram como alvos privilegiados.

> É errado supor que as tradições se constituem em patrimônio de grupos chamados "primitivos" ou "rústicos". As tradições inventadas, além de abranger grupos "modernos", servem para pensar a atualização de memórias emprestadas.

RESUMO

1. Há quatro gêneros de história oral: história oral de vida, tradição oral, história oral temática e história oral testemunhal.
2. É fundamental ter claro o gênero de história oral a ser feito, pois disso depende a condução e os procedimentos.

3. O projeto é o lócus onde deve estar detalhado o uso do gênero escolhido.
4. História oral de vida tem feições mais biográficas e obedece sempre à sequência dos acontecimentos da vida: infância, juventude, maturidade.
5. Registros de história oral de vida demandam entrevistas abertas a fim de possibilitar a organização da memória do colaborador.
6. Recorrer à tradição oral em pesquisa demanda muito trabalho e exige convívio com a comunidade.
7. Em tradição oral valoriza-se a transmissão geracional de mitos, lendas e preceitos que organizam a vida social do grupo.
8. História oral temática é o recurso mais prezado pelos acadêmicos por ser mais objetivo, e demanda sempre roteiros ou questionários.
9. Os roteiros ou questionários em história oral temática podem ser indutivos ou dedutivos.
10. História oral testemunhal é variação da história oral de vida e sua diferença básica reside na centralização de traumas na vida das pessoas ou comunidades.
11. Bancos de histórias são acervos projetados a fim de possibilitar análises de grupos sociais ou de comunidades de trabalho.

PARA PENSAR

"Antes de iniciar a redação do projeto de pesquisa, é necessário refletir. Literalmente, reservar tempo para pensar sobre as inquietações, as dúvidas, os questionamentos que têm permeado seu cotidiano e que estão inter-relacionados com a área de concentração da pós-graduação a que você pretende candidatar-se. Paralelamente, é preciso refletir sobre as delimitações que se vai dar a essas inquietações, definir a abrangência que vai ter a pesquisa, determinar qual será o seu objeto, como ele será estudado e aonde se quer chegar. É um período transpassado por dúvidas, incertezas, leituras, reorganização de ideias até se conseguir ter aquela ideia brilhante e executável. Esse é, portanto, um tempo em que é preciso paciência para 'amarrar' bem o tema e o problema da pesquisa, ou seja, chegar ao foco."

Nísia Martins do Rosário

PARA ENTENDER

Em uma universidade brasileira, Unifesp, optou-se, em sua comemoração de 75 anos, por organizar um banco de histórias de vida de personagens que fizeram parte de sua história. Foram entrevistados professores, alunos, funcionários, pessoas atendidas pelos serviços médicos dessa escola e até mesmo livreiros e barbeiros que fizeram as cabeças de quem passou por lá. O banco presta homenagem à história da instituição e serve como documentação de pesquisa para a continuidade da produção de saberes sobre a escola, suas atividades e seus personagens.

Outro exemplo: em um projeto com trabalhadores rurais integrantes do MST que participavam da Marcha Nacional de 2005, foi possível entender como a identidade relacionada à vivência traumática da exclusão é formada. O ato de narrar as experiências era, em si, trabalho de memória, de busca de sentido e de construção identitária. A exclusão marcou o testemunho dessas pessoas, que narravam com a necessidade da denúncia.

PARTE VII

Entrevistas em história oral

28. ENTREVISTAS

Em história oral, o projeto é a peça mais importante. Dele derivam procedimentos atentos aos desdobramentos da pesquisa. Definições operacionais, fundamentação teórica, critérios de escolhas, tudo depende das diretrizes estabelecidas *a priori*. Seja qual for o gênero de história oral, o ato da entrevista se reveste de significado especial. Mas não há como tratá-la fora dos quadros da excepcionalidade da vida. Mesmo pessoas públicas assumem a importância da fala gravada.

> É bom que não se rebaixe o cerimonial da entrevista, ainda que ela não deva inibir as relações.

Outrora a condição de entrevista era aproximada do conceito de "depoimento", pois tanto presidia a gravidade do que se dizia, sempre aproximado de supostos como "busca da verdade" ou "fala para a posteridade". E não há como negar o caráter "policialesco" que condicionava as narrativas que eram colhidas com pessoas notáveis socialmente ou em situação de excepcionalidade. Hoje, alguns oralistas optam por não usar mais o termo "depoimento" e no lugar consagram a entrevista como maneira dialógica em que alguém grava ou registra narrativa de outra pessoa. A multiplicação de aparelhos de gravação e a disseminação da prática em situações variadas também afetaram o uso que se generalizou muito.

O ato da entrevista, em situação de rotina, envolve pelo menos duas pessoas. Mesmo podendo variar, o comum são entrevistas "pessoais" ou "individuais". Nessa situação, fica mais fácil o estabelecimento de intimidades e do desejável clima de confidência. No caso de grava-

> Há situações de gravação que não são previstas no projeto. Torna-se necessário bom-senso nas soluções e sempre propor negociação.

ções com vídeos, porém, dá-se com frequência a interferência de mais pessoas, sejam iluminadores, câmeras, controladores de gravação. Mesmo entrevistas com gravadores simples, sem vídeo, em determinadas circunstâncias ocorre presença de mais pessoas. Há projetos em que, por admitir tradução, torna-se comum a presença de mais pessoas. Também há casos em que o entrevistado agrega pessoas, notadamente familiares, ao ato da gravação. Ainda que normalmente se prefira o recolhimento, ou seja, a situação de diálogo, quando ocorre a presença de grupo, recomenda-se que haja constância dos participantes nas entrevistas. A alternância ou substituição da pessoa que entrevista, pode acarretar impessoalidade e afetar o projeto como um todo.

O caráter de inversão da rotina, situação que marca a entrevista, demanda uma representação conhecida por performance. Sim, há um desempenho pessoal nessa situação e isso contribui para que a entrevista não seja apenas considerada no que foi gravado em palavras. Silêncios, lágrimas, interjeições são partes constitutivas das entrevistas. Gestos não captados por gravadores de vozes, por exemplo, merecem ser integrados ao ato e isso se dá em situação de transcriação. O desempenho tanto do entrevistado como do entrevistador deve ser notado e, nesses casos, muito ajuda o caderno de campo – espaço para registro de impressões do entrevistador. Em termos de performance, há duas situações a serem consideradas. De um lado, o entrevistador não deve se portar como um detetive à procura de segredos. Não se trata de reportagem, não se está em busca do que no jornalismo costumeiramente se chama de "furo"; e a disposição do interlocutor deve ser respeitada. Por outro lado, é errado supor que o entrevistado, simplesmente pelo ato de ser convidado a apresentar sua narrativa ou ponto de vista, é um ser passivo, amorfo. O ambiente amável, sobretudo profissional, deve prevalecer.

De saída cabe lembrar que as entrevistas podem ser:

1. únicas x múltiplas;
2. abertas x fechadas;
3. contínuas x intercaladas;
4. diretas x indiretas.

No primeiro caso, há vantagens na consideração de *entrevistas únicas* em que a síntese se torna virtude fundamental. Nesses casos, a espontaneidade é atestado de revelações menos pensadas ou premeditadas. Há grupos que detratam a entrevista única, alegando que a surpresa muitas vezes trai a pessoa que narra, que, sem muito pensar, diz algo que em outra circunstância não diria.

No caso de *entrevistas múltiplas*, o vigor se deve à louvação da vontade do entrevistado que pode retomar aspectos ou organizar mais as narrativas e até mesmo corrigir o que foi dito. Cabe ainda a consideração sobre *entrevista longa* ou *curta*. Desdobramentos dessas situações são também expressos no dilema de entrevistas *espontâneas* ou *preparadas*. Essa discussão apresenta-se como fundamental, pois, quando armadas, as entrevistas permitem arranjos prévios que acabam por dar mais consistência condutiva ao narrador, que, com antecedência, pode organizar exposições. Cada projeto

> Entrevistas únicas valem pela espontaneidade, e as múltiplas são aconselháveis em casos de possibilidades e de busca da serenidade narrativa.

orienta a decisão entre a realização de entrevistas longas ou de curtas intercaladas, e importa dizer que tais alternativas permitem rearranjos que afetam resultados das entrevistas e direcionam diferentes análises. As vicissitudes de alguns projetos levam à necessidade da continuidade de certas entrevistas, que muitas vezes decorrem de fatos posteriores ao encontro. Falta de detalhes, necessidade de complementação ou até mesmo falha na aparelhagem têm sugerido retomadas que se dão também por correspondência ou telefonemas.

As entrevistas podem igualmente ser *abertas* ou *fechadas*, o que é definido de acordo com o tipo. Se for um projeto de *história oral de vida*, o modelo condutivo, sem dúvida, é o de entrevistas abertas. A virtude maior desse tipo de entrevista é possibilitar escolhas na constituição do perfil desejado pelo colaborador. Então, blocos de perguntas devem compor os estímulos dialógicos. No caso de entrevistas de *his-*

> Trabalhos atentos ao funcionamento da memória demandam sempre "entrevistas abertas", pois estas permitem a organização da memória do entrevistado.

tória oral temática, dado o caráter mais objetivo, as entrevistas podem ser fechadas, até mesmo contemplando roteiros ou questionários, desde que respeitem o fluxo narrativo e não reduzam ou interrompam a fala do colaborador. Dado seu caráter recortado em função de um tema, assunto ou evento, cabe objetividade que responda às demandas motivadoras do encontro.

Os roteiros de entrevistas temáticas, por sua vez, podem ser *indutivos* ou *dedutivos*. No primeiro caso, as perguntas devem sugerir algum progresso nos argumentos. Dizendo de outra forma, inicia-se a entrevista com questões menores, sem a contundência final. Na situação dedutiva, desde logo as perguntas capitais devem orientar a entrevista. É conveniente lembrar que o local e o tempo disponíveis influem nas escolhas, que, contudo, devem ser previstas desde o projeto.

E, se falando de tempo, outro ponto a ser contemplado é o da *continuidade ou intermitência* das entrevistas. No caso de entrevistas múltiplas, a questão da continuidade se coloca de maneira grave. Há vantagens na continuidade imediata, com intervalos pequenos, mas também há quem advogue virtudes no espaçamento. Tudo depende de ajustes, ainda que seja recomendável proximidade temporal, pois isso evita novos acontecimentos ou interferências, que inviabilizam a elaboração de resultados e produtos relacionados ao término da pesquisa.

> Entrevistas interrompidas devem sempre prever datas para continuidade.

A questão de *entrevistas diretas* ou *indiretas* também se coloca com riscos de danos. Logicamente, o ideal é que todas as entrevistas sejam feitas diretamente, olho no olho. Acontece, porém, de muitos casos se desdobrarem e se fazerem necessários os complementos. Nessa circunstância, muitas vezes em razão de deslocamentos difíceis, é possível que a continuidade seja feita a distância com complementos via telefone, internet (via *voip* ou *e-mails*). De toda forma, recomenda-se que o primeiro encontro seja direto.

29. ETAPAS DE ENTREVISTAS

A entrevista possui etapas, a saber:
1. pré-entrevista;
2. entrevista;
3. pós-entrevista.

Uma primeira advertência ao falar de entrevista, refere-se à necessidade de o colaborador ter ciência da gravação. Jamais se deve gravar qualquer conversa, debate, opinião sem a prévia anuência da outra parte.

A *pré-entrevista* corresponde à etapa de preparação do encontro em que se dará a gravação. É importante que haja, sempre que possível, um entendimento preparatório para que as pessoas a serem entrevistadas tenham conhecimento do projeto e do âmbito de sua participação. Quando for possível, recomenda-se que as indicações de como se chegou até este ou àquele nome sejam explicitadas. Muitas vezes,

> Os cuidados com a pré-entrevista devem levar em conta a boa apresentação do projeto, pois é comum supor que esse ato seja apenas protocolar.

quando se trata de projeto que implique viagem, na impossibilidade de uma conversa prévia ou por telefone ou por carta, um intermediário pode fazer os primeiros contatos.

Destaca-se também que o colaborador deve ser informado de como será feito o registro, se em vídeo ou apenas em áudio, para que possa se preparar, caso queira. Ou mesmo declinar ao convite de participar caso não queira ser filmado, por exemplo. Evidentemente, cabem negociações no caso de alguma recusa, e o coordenador de um projeto pode, se achar viável e se isso não for contrário aos objetivos do projeto, abrir mão de um determinado modo de gravação e fazer o registro de forma a preservar a participação do colaborador.

Marcados o local, a data e o horário, o entrevistador deve estar com o gravador ou a filmadora, devidamente testados, para a sessão, e deve ser criado um clima profissional, aberto à confidência e ao respeito. Recomenda-se que, independentemente dos acertos anteriores, com o gravador ou filmadora liga-

> A prudência recomenda que sejam testados os aparelhos antes do início de qualquer entrevista.

dos, seja retomado o tema do projeto e salientado o papel do colaborador. Antes de tudo, ainda sem a presença do colaborador, deve-se gravar o nome do projeto, a identidade do entrevistado, o local e a data do encontro. Há projetos que preveem dois gravadores a fim de evitar perdas e desencontros.

Sempre que possível, deve-se manter um equilíbrio regular de tempo equivalente para as várias entrevistas com diferentes pessoas de um mesmo projeto. É lógico que existem situações em que o entrevistado precisa de mais tempo, mas deve-se prestar atenção nas diferenças de tratamento dado aos participantes, para que não se caracterize favorecimento ou hierarquização. Sendo necessária outra sessão, recomenda-se que a data e o local sejam acertados durante a gravação e constando da fita.

Antes do início da gravação deve ficar registrado que a entrevista terá uma conferência e que nada será publicado sem autorização prévia do colaborador. A fim de evitar expectativas imediatistas, aconselha-se dizer que a transcrição é um processo demorado, que para cada hora gravada investe-se cerca de cinco outras para a transcrição e mais dez para os arranjos finais de edição. Isso, além de beneficiar o entendimento do colaborador, visa a distinguir o trabalho de oralistas de demais profissionais que não operam da mesma maneira.

No caso das temáticas, as entrevistas acabam sendo mais breves, posto que se objetiva algo específico. No caso da tradição oral, obrigatoriamente, o convívio demorado com o colaborador ou com a comunidade de entrevistados é importante. Deve-se salientar que não é o acúmulo de horas que caracteriza uma entrevista boa. Mais vale um clima sincero e fraterno que a repetição de perguntas ou a retomada exaustiva de temas que sempre voltam com conteúdo diferente.

A *pós-entrevista* é a etapa que segue a realização da entrevista ou das entrevistas. Cartas ou telefonemas de agradecimento devem ser enviados a fim de estabelecer a continuidade do processo. Cuidados devem ser mantidos para que as entrevistas não sejam devolvidas para os colaboradores em partes e com erros de datas, imprecisões de nomes citados e equívocos de digitação. Um ponto importante em qualquer projeto de história oral remete à combinação entre o ritmo da realização das entrevistas e as transcrições. É necessário evitar o acúmulo de gravações e distâncias prolongadas entre uma etapa e outra. Isso gera uma ansiedade no colaborador que por vezes passa a desacreditar no trabalho do pesquisador.

> O tempo de retorno sempre deve ser informado a fim de evitar tensão ou angústia no entrevistado.

É comum ocorrer situações em que, depois de finda a gravação, o colaborador conta algo importante e que não consta da fita. Quando isso ocorrer, recomenda-se que seja chamada a atenção do colaborador e solicitada a autorização para incluir no texto, se for o caso. Eventualmente, se acontecer de uma entrevista durar muito mais do que se espera e se acabar a fita, ou a memória do registro digital, deve-se avisar o narrador e sugerir novo encontro. Na impossibilidade de se fazer outra sessão, como último caso, pode-se lançar mão do caderno de campo. Uma boa entrevista sempre é resultado de uma conversa entabulada amistosamente e sempre há um pouco de demonstração no processo narrativo. Há situações de entrevistas que são delicadas. Em alguns casos, os entrevistados pedem para desligar o aparelho ou mesmo deixando algo gravado solicitam para que não seja

> Está provado que uma conversa introdutória ajuda o desempenho dos colaboradores.

divulgado. Nessa situação também cabe negociação, mas lembra-se que ao final sempre a vontade do colaborador deve ser respeitada. Às vezes ocorre de uma pessoa chegar e querer participar de uma entrevista; nesses casos, deve-se, sempre, avaliar as consequências. Caso haja comprometimento, torna-se necessário sugerir a privacidade. Em certos casos, os acompanhantes podem integrar o projeto e, assim, pode-se flexibilizar a proposta e agregar, separadamente, outras pessoas.

30. DO ORAL AO ESCRITO

Do registro feito em áudio ou em vídeo, muitos projetos contemplam a elaboração de um texto a partir das entrevistas. Evidentemente, o uso dos vídeos editados em forma de pequenos documentários vem crescendo, mas não se pode esquecer que o suporte do texto facilita sua divulgação, acesso e possibilidade de busca. Esse é sempre um tópico bastante conturbado e que ainda gera muita discussão entre oralistas, em-

> Apesar de ser evidente para quem trabalha com história oral, é conveniente explicar para os colaboradores que as diferenças entre o oral e o escrito surgirão e as alterações devem ser negociadas na conferência.

bora seja ponto pacífico as diferenças entre a língua escrita e a falada. Muitas, contudo, são as controvérsias a respeito da passagem da entrevista oral para o discurso escrito. No entanto, as implicações desse dilema são fundamentais para as pesquisas, que se baseiam nas versões escritas, documentadas, das narrativas orais.

Sabendo disso, importa o contexto da produção do documento, o modo como foi manuseado. Assim, explicita-se os procedimentos usados para a "edição" do texto das entrevistas realizadas. Nesse momento, tem-se um processo parcelado, apenas por uma questão explicativa, em três fases, denominadas *transcrição, textualização* e *transcriação*.

O primeiro passo é a transcrição, trabalho longo e exaustivo. Muitos tratam como uma fase de natureza técnica, despertando menor interesse, tanto do ponto de vista teórico quanto prático. Prova disso é que em muitos trabalhos a transcrição é relegada, inteiramente, a terceiros, não especializados, sem que se faça ao menos uma conferência posteriormente. Ao contrário disso, a transcrição é uma das fases de grande importância à construção e à análise da documentação escrita.

> Para cada hora de gravação, cerca de outras cinco são usadas para a primeira fase (de transcrição).

É fundamental entender que a transcrição é outro momento de interação das subjetividades dos sujeitos envolvidos na pesquisa. Mas ao contrário da questão da entrevista, sempre muito pensada nos trabalhos em história oral, a discussão sobre a transcrição acaba ficando de lado.

Comumente, transcrição é o nome dado ao ato de converter o conteúdo gravado na fita em um texto escrito. Nisso está contida a ideia de estabelecer uma cópia escrita perfeita e fiel da gravação – *ipsis litteris*. Uma passagem completa dos diálogos e sons como eles foram captados, incluindo referências aos ruídos ou barulhos independentes da entrevista (campainhas, telefones, risos, latidos de cachorros) e mantendo os erros de linguagem.

De regra, pessoas que criticam a consideração do texto convencional escrito, dos documentos grafados, acabam por exigir uma transcrição absoluta como se fosse possível registrar os acontecimentos como eles realmente ocorreram. A mesma posição positivista frente aos documentos convencionais,

> Simplesmente não existe possibilidade de o escrito dimensionar exatamente o que foi o falado.

muitas vezes, é cobrada quando se trata de documentos feitos pelos oralistas, que, segundo uma visão conservadora e retrógrada, deve ser passada "palavra por palavra".

No entanto, essa verdade vista de modo ingênuo pode incorrer no erro da distorção. Isto é, na tentativa de deixar intacto, acabar mudando o sentido da entrevista ao tirá-la do contexto em que foi produzida.

108 Guia prático de história oral

Exemplo claro são as ironias, entonações e palavras de duplo sentido. Isso ocorre, pois, somente naquele momento estavam presentes e visíveis informações que não podem ser gravadas (mesmo considerando um registro em vídeo), como movimentos e posturas.

Nessa perspectiva, entende-se que a transcrição de palavra por palavra não necessariamente corresponde à realidade da narrativa. Porque uma gravação não abriga lágrimas, pausas significativas, gestos, o contexto do ambiente, é impossível pensar que a mera transcrição traduza tudo que se passou na situação do encontro.

A transcrição é considerada insuficiente e seu uso como documento final tem sido contestado por aqueles que prezam na história oral: o respeito ao conjunto das ideias passadas pelos colaboradores e o seu compromisso com o público. Visto com olhos no receptor, a transcrição destina-se, na moderna história oral, a dar visibilidade ao caso ou à história narrada. Portanto, o modo narrativo interessa sobremaneira. Não apenas as palavras valem por si; aliás, elas só têm valor pelas ideias, conceitos, emoções que contenham. De toda forma, o que deve vir a público é um texto trabalhado em que a interferência do autor seja clara, dirigida para a melhoria do texto. Isso implica dizer que o texto de história oral se compromete com a História pública e para isso supera alguns tabus que cercavam as maneiras de ver a entrevista e a sua divulgação.

> A valorização inocente da "cópia" do que foi falado, de modo "exato", é precária para o entendimento das ideias ou sentido das narrativas.

Antes de avançar, cabe indicar algumas questões relevantes: quem transcreve deve ser o autor das entrevistas ou pode ser outra pessoa? Comumente recomenda-se que seja a mesma pessoa. Em muitos casos, porém, há a possibilidade de outros fazerem o trabalho. Existem inclusive profissionais que cuidam disso. É absolutamente importante, porém, que no caso de transcrição feita por terceiros, ela seja verificada cuidadosamente pelo entrevistador. A responsabilidade pela transcrição é sempre do diretor do projeto.

Uma segunda etapa desses procedimentos refere-se à textualização, na qual as perguntas foram retiradas e fundidas à narrativa. O texto permanece em primeira pessoa e é reorganizado a partir de indicações cronológicas e/ou temáticas. O exercício é o de aproximar os temas que foram abordados e retomados em diferentes momentos. O objetivo, novamente, é facilitar a leitura do texto, possibilitando uma melhor compreensão do que o narrador expôs.

É nesta fase que se escolhe o *tom vital* de cada entrevista, frase que sirva de epígrafe para a leitura da entrevista. É sobre essa frase que se pretende organizar o critério de percepção do leitor. Assim, portanto, a frase escolhida funciona como um guia para a recepção do trabalho. A textualização é um estágio mais complexo na elaboração do

> Erros de gramática, vícios de linguagem e outros devem ser mantidos em doses suportáveis e indicativas do controle da língua do entrevistado. Jamais se deve comprometer o teor das ideias em favor da "fidelidade" à norma culta da língua.

documento em história oral, obedecendo a uma lógica exigida pelo texto escrito. Dessa forma, acredita-se que tais recursos possibilitem textos agradáveis, provocadores e envolventes ao leitor.

É lógico que o acervo fraseológico e a caracterização vocabular de quem contou a história devem permanecer indicados. Vícios de linguagem, erros de gramática, palavras repetidas devem ser corrigidas, mas sempre indicando ao leitor, que precisa estar preparado. Sugere-se que palavras ou expressões repetidas, como "né", "sabe", "então", "daí por diante" e "depois disso", sejam mantidas em dose suficiente para o leitor sentir o tipo de narrativa ou o sotaque.

Entrevistas longas demais ou contendo os erros para se aquilatar o nível de integração linguística do colaborador têm mostrado a fragilidade desses argumentos. Entrevistas trabalhadas de maneira a sintetizar as ideias e feitas em soluções formais adequadas à boa recepção evidenciam a necessidade de interferência do autor no trabalho. Considerando que, muitas vezes, entrevistas feitas com índios, com estrangeiros ou com pessoas que não dominam o português formal serão lidas apenas por especialistas em línguas e jamais atingirão o público, é importante transformá-las. Logicamente, esse trabalho tem que ser conferido pelo narrador, que legitimará sua entrevista.

Durante o tratamento da textualização, escolhe-se um *tom vital* que corresponde à frase que serve de epígrafe para a leitura da entrevista. É sobre essa frase que se pretende organizar o critério de percepção do leitor. Assim, portanto, a frase escolhida funciona como um farol a guiar a recepção

> A escolha do "tom vital" é operação delicada e fundamental para a indicação do teor da entrevista.

do trabalho. Recomenda-se que as palavras-chave sejam grifadas em versões prévias, e, por fim, juntamente com a reorganização cronológica da entrevista, seja dada uma lógica ao texto em que as ideias sejam privilegiadas em detrimento da transcrição de um discurso que, sendo explicitado de outra forma, apenas interessaria ao pequeno círculo de iniciados.

Por fim, a última etapa é a transcriação. Evocando pressupostos da tradução, a transcriação é a elaboração de um texto recriado em sua plenitude. Com isso, afirma-se que há interferência do autor no texto; ele é refeito várias vezes e deve obedecer a acertos combinados com o colaborador.

Este é momento em que os elementos extratexto são incorporados. A intenção é recriar a atmosfera, o contexto em que foi feita cada entrevista. As anotações de meu caderno de campo e aspectos da vivência junto à comunidade.

Esse procedimento de trabalho com as entrevistas orais se aproxima de uma recriação do universo visual e sonoro para o mundo da escrita, fundamentando-se nos estudos da literatura e da linguística, em que foram definidos os conceitos de *transcriação*, dados por autores como Haroldo de Campos e Barthes.

Dessa forma, assume-se que a organização final do documento é tarefa do pesquisador. Mas que não é feita de modo aleatório ou inconsequente. Trata-se da transformação final do oral em escrita, recriando-se a performance

> Como a entrevista é mais do que o conteúdo da gravação, o leitor deve ter parâmetros de entendimento.

da entrevista, procurando trazer ao leitor as sensações provocadas pelo contato. Assume-se, assim, uma postura em que é mais importante o compromisso com as ideias e não apenas com as palavras. Por isso mesmo se torna tão importante o aval do entrevistado, que deve saber qual ordem vai ser dada em sua narrativa. Portanto, como procedimento final, tem-se a conferência do documento criado, que será discutida a seguir.

31. VALIDAÇÃO

Um dos mais complexos e importantes recursos oferecidos pela história oral é a *validação*. Essa é uma etapa de finalização de todo o processo de interação com o colaborador. Nela confere-se o texto produzido por meio do diálogo, desde o primeiro contato, verifica-se e corrige-se possíveis erros e enganos, legitima-se esse trabalho de interação de forma não hierarquizada e valida-se a possibilidade de produção de conhecimento a partir do documento gerado.

Pode-se mesmo dizer que o respeito absoluto a tudo que foi dito e depois autorizado pelo colaborador é fator primordial para o estabelecimento de um texto que reflita a vontade de quem se dispõe a contar. Embutido nesse comportamento respeitoso ao que o "outro" diz reside o pressuposto ético da *aceitação* do papel do oralista, que atua como *mediador* entre o que foi dito e o que se tornará registro definitivo. Supondo que *validar* equivale a *fazer valer* ou à *ação de tornar efetivo*, o que independe de qualquer parâmetro lógico, racional, coerente ou coeso, o que se tem é a relativização do conceito de verdade. Sabe-se que não existe mentira em história oral. Tudo interessa em um relato: a falsidade, a fantasia, o engano, o embuste, a distorção. Numa primeira etapa, fazendo o discurso valer por si, o que deve vigorar não é a busca de evidências e nem mesmo de comprovação dos fatos. Lugar expressivo da vontade de quem fala, a subjetividade determina o rumo dos fatos expostos em entrevistas e fixados em acordos acertados na conferência da entrevista. O diálogo ou a ação dialógica da conversa fica submetido ao pressuposto da vontade soberana do entrevistado.

Validar uma narrativa é ato de respeito e atitude de maturidade de oralistas. O texto produzido pelos encontros entre os entrevistadores e os entrevistados, obrigatoriamente, tem valor interno. O cruzamento com outros textos – oriundos ou não de entrevistas – é parte da análise dos resultados, fato que deve ser prevenido desde o projeto.

A validação, por sua vez, implica comportamento afinado do interlocutor. Não se deve, jamais, obstar fatos expostos pelo narrador. Caso, por exemplo, o entrevistado conte sobre suas experiências em contato com

112 Guia prático de história oral

espíritos ou com seres extraterrestres, e não sendo o interlocutor nem espiritualista e nem adepto de teorias que prezem a existência de vidas em outros planetas e seres afins, o que deve prevalecer é o respeito e a facilitação de detalhes. A fase empírica de aquisição de recursos para o estabelecimento do texto final da entrevista deve ser respeitada em sua essência.

Apoia-se a relevância da validação em virtude do significado da história oral. Não fosse pela busca de outros ângulos de problemas que são, de regra, marcados pela objetividade, busca da verdade e comprovação, a entrevista seria mais uma maneira de adquirir informações, captação de dados ou certificação de fatos "reais". A "realidade" dos fatos advindos de entrevistas liga-se às impressões. E história oral é o espaço dessas impressões filtradas pelos pareceres do entrevistador e do entrevistado no contexto de produção daquele conhecimento.

RESUMO

1. Jamais gravar entrevistas sem autorização do colaborador e nem fazer uso que não seja igualmente permitido, autorizado por escrito. Isso implica estabelecimentos de protocolos formais, cartas de cessão, ou seja, autorização estabelecida textualmente para uso definido.
2. Assume-se que a entrevista deve ser transcriada e que o ideal é a manutenção do sentido intencional dado pelo narrador que articula seu raciocínio com as palavras.
3. Na transposição do que foi dito para um texto, não são as palavras que interessam e sim o que elas contêm.
4. Privilegia-se o entendimento por um público mais amplo da mensagem do narrador na leitura de um texto.
5. As operações de transformação do texto são três: transcrição, textualização e transcriação.
6. Transcrição é o processo de passagem equiparada das narrativas orais para a escrita como se um código equivalesse ao outro.
7. Textualização consiste em encontrar o "tom vital", isto é, a frase que orienta a releitura do texto no caso de história oral de vida. Nessa fase também se excluem as palavras sem peso semântico ("já", "né", "então") e também subtraem-se as perguntas em favor da fluidez nas ideias propostas pelo entrevistado.
8. A terceira fase corresponde à transcriação, estabelecimento final do texto.

PARA PENSAR

"A 'tradução' do oral para o escrito, assim como uma tradução de idiomas diferentes, não se opera com uma simples transcrição, especialmente quando se trata de um texto subjetivo como a poesia e - no caso da história oral - a narrativa do colaborador. Até que se verbalizasse tal procedimento em uma teoria, dois autores se valeram de um exercício comum. O termo 'blanco', em espanhol, não se traduziria do espanhol para o português, simplesmente, por 'branco'. Essa mera transposição de idiomas gerou um texto conjunto de dois importantes poetas: Otávio Paz e Haroldo de Campos 'transblanco' que marcou definitivamente o debate sobre o tema. Em outra etapa, já pensando a história oral, pessoas do Núcleo de Estudos em História Oral da USP se valeram do mesmo processo e o aplicaram às entrevistas de história oral. Com um chão firmado no uso da transcriação em história oral, Alberto Lins Caldas sugeriu a radicalização de tal conceito, percebendo todo o processo de elaboração do projeto em história oral como uma solução transcriativa. Assim, desde a origem da transformação de algo que não seria natural - o plano de recolha e formulação de textos - até sua devolução pública seria parte da mesma prática transcriadora. Acrescente-se a isso o sentido poético que marca os trabalhos de história oral."

Fabíola Holanda

"O texto final (depois de ter passado por várias entrevistas, várias transcrições, vários encontros de leitura e por todo o processo de formação textual) jamais poderia ter sido pronunciado daquela maneira final pelo interlocutor; no entanto, cada palavra, cada frase, cada estrutura lhe pertence (ele não disse, mas somente ele poderia ter dito); [...] o texto transcriado é, para o interlocutor, sua vida no papel, aquela vida escolhida por ele para ser o representante, para ele, do vivido."

Alberto Lins Caldas

PARA ENTENDER

No projeto sobre os brasileiros em Nova York, em uma dada ocasião um colaborador declarou textualmente que "desde o momento em que o senhor entrou em contato comigo, dizendo que queria conversar sobre minha experiência como brasileiro em Nova York, comecei a me preparar. Honestamente, desde aquele instante achava que já estava dando uma entrevista, contudo, quando abri a porta do meu apartamento, quando o vi, e depois que nos apresentamos e o senhor ligou o gravador, finalmente, vi que nada do que havia armado em minha cabeça valeria". Na verdade, a entrevista valeu mesmo pelo que foi dito na hora, olhando olho no olho, e o engraçado, porém, é que apesar disso, apesar da gravação, o que ficou, para mim, o que valeu mesmo foram os nossos encontros depois. O texto feito, a nossa conversa de depois e principalmente os acertos e emendas é o que pesa.

Outro exemplo: em uma dada situação, o entrevistado mudava a versão do fato com frequência e constantemente garantia que os outros colaboradores estavam mentindo. As sugestões de entrevistas eram cobradas por esse colaborador que pretendia de certa forma dirigir o projeto. Passadas as tentativas diplomáticas, foi necessário conversar diretamente com tal pessoa e adiar a continuidade das entrevistas para uma ocasião melhor quando sua interferência não fosse tão atuante.

Mais um caso: mesmo depois de dada a entrevista e de acompanhar a versão do oral para o escrito, um colaborador, ao saber dos desdobramentos do projeto e de certo comprometimento de algumas de suas opiniões, mesmo já tendo dado a autorização para a publicação, resolveu impedir o uso de seu depoimento. Foi gasto um tempo grande na negociação, que, porém, não chegou a um bom termo. O resultado foi o não uso dessa entrevista.

PARTE VIII

Exemplos e variações de história oral

32. HISTÓRIA ORAL DE PESSOAS ANÔNIMAS

Há uma expressão de história oral que exige cuidados especiais. Em determinados projetos trabalha-se com pessoas que por algum motivo precisam do anonimato. Isso ocorre quando, para evitar a identificação pública do colaborador, seja por questão de risco, de necessidade de ocultação da identidade, seja para evitar constrangimentos envolvendo terceiros, muda-se o nome da pessoa. Há casos em que se torna necessário, inclusive, alterar situações da história, do contexto ou da versão de algum fato capaz de possibilitar a precisão dos casos. O mesmo acontece em relação à proteção de indivíduos que se valem do anonimato para não expor a família ou o ambiente de trabalho. Nesses casos, também é importante que se tenha a autorização do colaborador para publicar o resultado. Da mesma forma, o leitor deve ficar avisado. Existem grupos de leitores que criticam negativamente esse tipo de proteção do colaborador, mas em determinadas ocorrências ele é plenamente justificado e até recomendado. Um dos exemplos mais expressivos da validade dos projetos com personagens anônimos remete aos casos de estudos que envolvem pessoas públicas, artistas, políticos. O mesmo ocorre com prostitutas, bandidos, suspeitos.

Um exemplo pode ser dado pela experiência de projeto envolvendo um conhecido ator de televisão que contraiu aids e que não podia revelar sua identidade visto que certamente seria discriminado e perderia até o emprego. Outro caso é exemplificado pela narrativa de uma senhora que apanhou do marido e que não teve coragem de prestar queixa na delegacia por medo da exposição dos familiares. O mesmo se diz de policiais que recebem dinheiro para proteger bandidos. Em casos de estudos de drogados ou portadores de doenças vistas preconceituosamente, a troca de identidade pode permitir entrevistas francas e que, além de proteger o entrevistado, lhe garante menores possibilidades de exposição e constrangimento. Em todas essas situações, a proteção ao colaborador deve ser explicitada para os leitores.

33. PADRÕES NARRATIVOS EM HISTÓRIA ORAL

É evidente que as narrativas variam de pessoas para pessoas e que há interferências que fazem com que se mude o rumo de alguma entrevista. Há, contudo, em particular com história oral de vida, cinco formas principais de narrativas. *Grosso modo*, estas são as soluções expressivas:

1) Narrativas de vidas públicas: quase sempre políticos, artistas, desportistas consagrados, que contam suas histórias pautadas sempre em uma imagem que precisa ser zelada. Nesses casos, a narrativa é marcada por factualismos, objetividade profissional e pouca introspecção. Histórias de pessoas públicas são sempre marcadas pelos escândalos ou sucessos e mesmo a situação cotidiana é exibida como se fosse algo excepcional. O comprometimento com a aparência faz com que a narrativa dessas pessoas seja sempre próxima de uma imagem triunfal. Para eles, quase invariavelmente, o que interessa é a imagem pública e não as situações da vivência privada. Ao se fazer história oral de vida de pessoas públicas, deve-se ter em vista a necessidade de negociação dos discursos. Assim, na hora da preparação, bem como da formulação dos blocos de perguntas básicas, deve-se motivar a menção de aspectos da vida pessoal que possam ser combinados com os públicos.

118 Guia prático de história oral

> Vejamos o exemplo seguinte: em um projeto sobre o papel do futebol na sociedade brasileira, um conhecido jogador entrevistado depois de uma carreira feita com sucesso tende a comentar sua história segundo os feitos futebolísticos, de acordo com os contratos em diferentes times, o número de vitórias em campeonatos, os gols mais comemorados e seu papel na Seleção Brasileira de futebol. Entretanto, além da importância da reconstrução da carreira do jogador, aspectos explicativos de sua vida pessoal devem integrar a reflexão que alie sua história com os fatos sociais que o explicam como personagem coletivo.
>
> Outro caso: em se tratando de um projeto sobre atividade política, um personagem importante e conhecido pelas suas mudanças de partidos em momentos estratégicos, tende a contar os feitos segundo uma ótica de interesse público. Nesse caso, além das justificativas pessoais, deve ser criada situação para a análise de outras alternativas.

2) Narrativas épicas: quase sempre de figuras da vida comum que, contudo, contam as suas histórias de maneira heroica e sempre triunfal, geralmente passando por grandes alterações quer na vida pessoal quer nas transformações históricas. Nas narrativas, evocam, inconscientemente, mitos épicos. É este, por exemplo, o caso de muitos imigrantes que vieram pobres e tiveram sucesso na vida aquém-mar. Da mesma forma, líderes de movimentos sociais desenvolvem sempre narrativas heroicas que, em muitos casos, se aproximam das narrativas fatalistas mescladas com exaltações morais. Evocação de modelos de guerreiros, santos, figuras mitológicas ou personagens de romances importantes repontam nessas histórias. É importante notar que, nas narrativas épicas, mesmo quando existem casos de fracassos, estes são mostrados como uma espécie de vitória moral. Mitos como o do *"self-made man"* são frequentemente narrados e isso ocorre muito com pessoas que foram pobres e enriqueceram. Há proximidades entre critérios narrativos épicos e de pessoas públicas.

> Exemplificando: um ex-pracinha da Segunda Guerra Mundial narra sua participação naquele evento como se fosse um grande general ou alguém que detinha uma solução específica que salvou determinado contingente.
>
> Outro caso: uma velha costureira do interior conta suas atividades profissionais marcadas por modelos que fez para as figuras mais importantes da comunidade.

3) Narrativas trágicas: alguns narradores contam suas vidas expressas de maneira dramática. Quase sempre pessoas doentes, imigrantes malsucedidos, cidadãos que passaram por problemas traumáticos desenvolvem maneiras amarguradas de contar a própria experiência. O processo narrativo desse tipo de depoente é marcado por fatos tristes detalhados com impressões doídas que afinal dão conta da mensagem que se quer passar. Chora-se muito nesse tipo de narrativa. Casos envolvendo maternidade, óbitos de pessoas próximas, tragédias ou testemunho traumático são abertos a esse tipo de narrativa.

> Vejamos um exemplo: um imigrante português narra sua história como um desbravador, como alguém que saiu de um local pobre, atravessou os mares e chegou ao Brasil, enfrentou dificuldades, preconceitos, mas acabou vencendo.
>
> Outro: uma imigrante judia que, tendo passado por campos de concentração, depois de peripécias incríveis por diversos países se vê como vítima, mas que venceu.

4) Narrativas cômicas: nelas os narradores são pessoas que relatam experiências com uma dose exagerada de humor ou picardia. Esses tipos quase sempre mostram um domínio narrativo desenvolvido e conduzem criticamente a relação pessoal com a sociedade. O acompanhamento das tramas propostas por esse tipo de narrador é difícil, pois o "interessante" e o compromisso com a continuidade da manutenção do riso, muitas vezes, acabam por confundir o entendimento sequencial da narrativa. Para manter a narrativa "alegre", a concatenação dos fatos obedece a uma lógica tortuosa que implica idas e voltas. Quando estas entrevistas são transcritas, o trabalho de explicitação dos casos narrados tem que combinar a observância do humor com a lógica do entendimento.

Observemos: uma senhora de 74 anos de idade, muito exuberante e que teve uma vida difícil e marcada por muitas tragédias, desenvolveu uma análise bastante curiosa de sua experiência pessoal. Assim ela resumia sua trajetória: nasci no mês de novembro; isso quer dizer que fui concebida em pleno carnaval, mas como na Polônia não tem carnaval a festa de minha concepção deve ter sido bem pouco humorada. Cresci plantando batatas e por isso acho que minha experiência nos campos de concentração foram amenizadas. Depois sim, veio o grande problema: quando estava no Brasil, resolvi me casar... escolhi um polonês, acho que porque não sabia bem em que país estava. Como acredito que não sou muito humana, que erro e continuo errando, casei-me pela segunda vez com outro polonês...

Outro caso é o de um senhor de 60 anos de idade que assim definiu sua experiência como ex-líder estudantil na década de 1960: mesmo não sendo "mulher de malandro", sempre gostei de apanhar; apanhava muito de meus pais, em casa, quando criança em Barbacena; depois que fiquei mocinho e que saí da barra da saia da mamãe, fui fazer Direito em Belo Horizonte e, para matar a saudade de casa, continuei apanhando da polícia... depois me casei pela primeira vez e aí apanhei da vida... Como você vê, sou um carinha que gosta de couro.

É relevante notar que, nesses casos, ao contrário do que o hilário do discurso sugere, as pessoas têm alguma amargura para revelar. Convém não confundir a provocação do riso com o cômico no sentido ingênuo do termo. Quase sempre pessoas que se valem dessa forma de narrativa precisam de um discurso pândego para conseguir contar acontecimentos que consideram problemáticos.

5) Narrativas mistas: a maioria das pessoas contam a própria história mesclando várias soluções narrativas. Tanto a tragédia como o humor acentuados, muitas vezes, conjugam-se com factualismos, sentido épico e trágico. O esforço em se pontuar a vida como um tipo de heroísmo cotidiano leva pessoas a se autoprojetarem como síntese da vida coletiva.

Eis um exemplo: meu nome é Manoel Joaquim de Oliveira, não sou japonês, portanto... nasci em Caldas da Rainha, uma cidadezinha portuguesa, perto de Lisboa... tenho 67 anos de idade. Sou, contudo, mais brasileiro do que português, pois passei mais da metade de minha vida aqui no Rio de Janeiro. Vim na década de 1950, no começo, em 1951, durante o governo do Getúlio; e já entrei *à la* brasileira: consegui comprar uma "carta de entrada" de um outro portuga que estava no Rio que tinha aprendido a malandragem. Como diria Camões, atravessei "mares nunca d'antes navegados (por mim)" e cheguei aqui num dia de dezembro, com muito calor. Estava emocionado: emocionado comigo, com minha coragem; emocionado com o destino que me reservava boa chance; emocionado com a beleza do Brasil... logo me apaixonei pelo Brasil e pela minha esposa Elisa. O Brasil me deu muitos frutos entre os quais meus três filhos: Elisel (que vem da junção de Elisa e Manoel); Eduardo e Maria de Fátima... Sou muito feliz e faria tudo outra vez.

Esse exemplo mostra que há um sentido de vitória na narrativa de um imigrante que se sente "feliz" e que "faria tudo outra vez". Combina ainda graça discursiva com precisões de datas e aspectos épicos que se baseiam em Camões.

É importante o entrevistador saber distinguir a forma narrativa do entrevistado para poder compreender melhor a sessão e interagir de maneira mais eficiente. Da mesma forma é significativo notar que há narradores que têm prática de entrevistas. Nessas situações, convém solicitar que o colaborador fale sobre aspectos pouco revelados. Quando ocorre o contrário, isto é, de se entrevistar pessoas que não estão acostumadas a dar entrevistas de história de vida, é conveniente que o convidado seja preparado para vencer a noção de que é "pessoa comum" e que sua vida "não tem nenhum valor".

A linguagem é sempre particularizada e suas influências são importantes para a distinção das falas. Aliás, um dos mais relevantes alertas diz respeito à necessidade de não tratar os depoimentos como se fossem todos iguais. Uma das diferenças que se deve levar em conta é se a narrativa é masculina ou feminina. Como a linguagem é sexualizada, e a cultura que circunscreve os contextos sociais marca as experiências, é preciso notar as questões de gênero (feminino, masculino) organizando as visões de mundo, exibindo soluções narrativas diferentes. Deve-se salientar também a existência de uma linguagem de grupos "clandestinos".

34. HISTÓRIA ORAL E NARRATIVAS RECORTADAS

Nos casos das narrativas de formato biográfico, é comum admitir o esforço filtrado pela reconstrução de outras pessoas que contam histórias alheias. Nessas situações, troca-se o subjetivismo por uma objetividade mais evidente e a narrativa ganha linearidade. É importante, portanto, ter claro que existem casos em que se conta a vida ou presta-se um testemunho indireto. Existem casos excepcionais e sérios como história de mudos ou pessoas que tenham impedimento de expressão. Por valorizar a possibilidade de qualificação da história pessoal dessas pessoas, é viável reconstruir sua trajetória evocando uma ou mais pessoas narrando. Os julgamentos sobre as vidas dos indivíduos contemplados, contudo, fazem parte da história dos narradores e não dos narrados. Muitas vezes ocorre também que nas reconstruções narrativas tratem de pessoas ausentes ou mesmo que já morreram.

Além das narrativas de formato biográfico, há outras alternativas:

1. fragmentos narrativos da história de vida de outrem;
2. história de família;
3. história de vida de tipos sociais (profissões, gênero, classe e etnia).

Vejamos os casos:

1) FRAGMENTO NARRATIVO

Muitas vezes é comum a referência a narrativas de vida de pessoas falecidas, distantes ou mesmo de que já se ouviu falar. Não se trata de fazer uma narrativa biográfica no sentido amplo do termo. Sempre que se fala em fragmento narrativo de vida de outrem, abordam-se episódios dessas vivências, pequenos casos recortados e por vezes narrados ou por terem sido testemunhados ou por ouvir dizer. O descomprometimento com aspectos complementares – da vida em sentido mais completo – transforma sempre o fragmento narrativo de história de vida de outrem em um exemplo ou argumento complementar de uma história. No fragmento narrativo, sempre há um sentido moral ou cômico na seleção do fato.

Vejamos:

Tião é um caso sério, desses que eram "bom sujeito", mas que viram "cabra da peste". Quem contou esta história foi um ex-soldado que acompanhou de perto todo o desenrolar dos fatos. Tião ainda não teria chegado aos 30 anos de idade quando se viu envolvido na situação complicada pela qual foi preso com pena grave. Confinado a uma longa permanência na prisão, para o pacato moço que vivia da ajuda prestada como sacristão, pouco mudava. Ele quase não saía, familiares não tinha, mulher nem pensar, pois o coitado era daqueles desprovido dos atrativos que despertam paixão. Coitado. A sentença que era de "crime qualificado" pouco acrescentou ao fato de Tião saber que iria mudar de endereço. A condição de analfabeto tinha tudo a ver com o rapaz que, apesar de ser julgado como assassino, demonstrava uma docilidade que encantava a todos. Risonho, bom, gentil, incapaz de uma resposta atravessada, Tião gozava inclusive da "prerrogativa" de trabalhar em "regime semiaberto". Isso não por virtude de Lei ou de outro favor estabelecido por preceitos jurídicos. Não. Tal fora a confiança conseguida entre os guardas, delegados, e demais funcionários daquela cadeia de cidade de médio porte de Minas, que não faltaram pessoas que o colocavam acima de qualquer suspeita. Tião virou um personagem na redondeza e era reconhecido pela alcunha de "Tião Bonzinho". Além do mais, o esforço por aprender a ler, escrever e contar, o transformava em uma espécie de candidato a cidadania. Todos torciam por ele. Quando o reverendo ia visitar os presos, ele se lembrava das funções de sacristão e esmerava no acompanhamento do padre, que, diziam, o havia perdoado de todos os pecados.

É comum e divulgada a violência do tratamento entre os presos de nossas penitenciárias. Aquela, mesmo não sendo das piores existentes em nosso país, estava situada entre as que guardavam criminosos incomuns. Era, segundo o jargão policialesco, um "Estabelecimento de Segurança Máxima". A temível ética dos presos, porém, sobre Tião não pesava, pois também entre os "colegas" ele merecia respeito e até carinho. Além do mais, era ele que cuidava dos aspectos possíveis da comunicação dos presos com parentes, amigos e namoradas.

Logicamente tanto bom humor, simpatia e carinho induziam a todos a questionar o que teria levado Tião Bonzinho à cadeia. Oficialmente, ele teria matado cruelmente alguém. Aliás, a indefinição de seu "crime hediondo" fazia parte da mitologia criada em torno de si próprio: ninguém sabia exatamente o que teria levado o sacristão a esganar um corretor de imóveis. Decorrência da mesma trama narrativa – ditada pelo ex-soldado que contava esta como a história mais importante de sua carreira – estava decretado para todos, implicitamente, que Tião era inocente. No interdito, a verdade repontava: ele nunca matara ninguém. Sua pena decorrera da incapacidade de defesa. Incapacidade que tanto aliava um despreparo para articular a Defensoria Pública quanto para que ele próprio promovesse um discurso de "autodefesa". Foi um horror sua apresentação frente ao júri. Apontado como criminoso, ele chegou a pensar que realmente fosse e isso colaborou para que ele "merecesse a cadeia".

Condenado, aceitando a prisão, Tião dava o melhor de si. Varria, lavava, levava recados, engraxava os sapatos, até costurava e pregava botões com agulha, linha e tesoura. Todos, todos o respeitavam e apreciavam o esmero do "preso arrependido". Era com ele que os colegas de prisão se abriam e com ele também os guardas reclamavam. Ouvindo a todos, o bonzinho Tião foi ficando na cadeia. Foi ficando... Em nível teórico, para os presos, aquela história funcionava como uma espécie de prova da injustiça social; para os controladores, em nível pequeno daquele cosmo urbano e penitenciário, simbolizava uma tediosa aceitação da estrutura gigante que também era infinita no massacre aos pobres.

Não se sabe exatamente dizer por quantos anos Tião Bonzinho fora condenado. Seu processo estaria em algum lugar de onde jamais sairia não fossem os acontecimentos futuros. Com certeza, cumprira mais que dez, pois o filho do ex-soldado, do narrador, havia nascido exatamente à época em que o "monstro caipira" teria matado o vendedor de terrenos da Casa Paroquial. A alegação de que fora para roubar dinheiro da Igreja nunca se comprovou, mas serviu para agravar a pena...

Pois bem, Tião, um dia, resolveu pedir um favor às autoridades. Imaginem: havia chegado à cidade um fabuloso Circo Internacional. Era na realidade um cirquinho de nada, mas para ele "era o máximo". Desde menino Tião soube o que era um Circo e, de repente, lá às suas mãos, estava um Circo "de verdade". E Internacional. É provável que não soubesse o que significava a palavra "Internacional", mas deveria ser alguma coisa boa porque adjetivava Circo. Seria essa a sua oportunidade? Seria a chance de ver um palhaço, uma girafa e um leão? E os trapezistas? A mulher aranha e os mágicos? Ah, não dava para perder. Dava, não...

Inocentemente, Tião Bonzinho se dirigiu às "autoridades competentes" e sentenciou: "Vou ao circo hoje à noite". Pronto: criou-se a confusão. E que confusão!... "Não vai; não pode e acabou", perplexo o sr. delegado respondeu. "Vou, vou e vou porque vou", replicava o preso. Não é difícil avaliar a contaminação do problema. Em instantes todos sabiam o que se passava e a tomada de posições se multiplicou entre os soldados, demais detentos e logo se espalhou pelos derredores da cadeia. Parentes de todos os segmentos se manifestaram juntamente com os sujeitos imediatos da comunidade. A esposa do narrador, por exemplo, exclamava indignada: "Como ele não vai, se pode ir à farmácia comprar remédios para os funcionários e até levar bilhetes para a amante do delegado?". Os presos, por sua vez, também tomaram posição, não faltando, porém aquele que preferiu se valer da confusão para clamar por desdobramentos violentos. Os soldados e guardas, de um modo geral, foram favoráveis ao Tião e defendiam seu "legítimo direito". Apenas o delegado – exatamente a maior autoridade – era contra. Aliás, tinha que ser, pois como permitir que um preso saísse da cadeia para ir ao circo?!

Por fim, a decisão: Tião não foi ao circo. Mas, a história não ficou por isso mesmo. Chorou a noite toda e no outro dia. Revoltado, ele não aceitou sair cedo da cela para limpar o banheiro da turma da noite. Nem fez o café da soldada e não foi varrer o pátio nem as cercanias da cadeia. Mais: ficou com a cara fechada e começou a usar as mesmas palavras que os demais presos, a começar pela comida que disse ser mesmo "uma merda". O pior é que a história de Tião foi radicalizando nele a tal ponto que até mesmo os seus antigos admiradores tiveram que, para continuar respeitando o velho camarada, se viram na obrigação de aceitá-lo como "líder dos presos". Líder no sentido bandido da palavra, diga-se de passagem.

Ainda que fosse difícil entender, a comunidade em geral aceitou o "incidente" como um divisor de águas. A explicação mais lógica, porém, veio do próprio delegado que percebeu a mudança como uma revolta que estourou e que se tornara irreversível. Concluía o delegado, com experiência e sabedoria policial, que Tião fora dócil enquanto tentava negociar a qualidade do convívio, mas que chegado o tempo em que minimamente sentiu-se apoiado, tratou de se rebelar e "mostrar a verdadeira face". Rebelaria, segundo a mesma autoridade, por qualquer outro motivo, pois afinal era mesmo um bandido, assassino. O fato concreto é que a delegacia precisou pedir mais um funcionário para o Estado, pois a limpeza precisava ser feita e agora o preso se assumia como preso e não tinha que prestar serviço a ninguém. Teve também que pedir reforço, pois o comportamento geral havia periclitado muito. A cara feia dos soldados em relação ao delegado exigiu dele transformações no comando e a população prisional, de repente, teve que equacionar o comportamento de Tião como o de qualquer outro delinquente.

Quem saiu ganhando nessa história? Imagine... Quem ganhou foi o próprio Tião que de tão perigoso, chamou a atenção sobre si de outra maneira. Agora, visto como "perigoso", foi mais fácil arranjar um advogado que passou a cuidar de seu caso. Convém dizer que quem lembrou disso, ironicamente, foi o próprio delegado porque, sem dúvida, para o controle daquele espaço era melhor que Tião saísse logo dali. Juntados os anos cumpridos de pena, o sursis e mais o tempo de trabalho, o "preso bonzinho" pôde sair. Pensam que saiu para ir ao Circo Internacional? Não! Tornou-se importante bandido na capital e hoje a polícia nem lembra que um dia ele foi tão prestativo.

2) HISTÓRIA DE FAMÍLIA

A história oral valoriza o indivíduo em sua essência – nos casos de histórias de uma só pessoa –, o que leva os críticos mais severos dessa tendência a concluírem que o indivíduo se explica, socialmente, através da família em que está inserido. Seja como continuidade ou ruptura do projeto familiar, o indivíduo só ganha sentido explicativo se contemplado com outras experiências parentais conjuntas. Atualmente, um ramo da história oral de vida tem atraído o interesse geral: história oral de família. Sem se confundir com a história oral de vida (individual), a de família retraça a saga de um grupo com laços sanguíneos e dependente de um projeto que atravessa gerações.

A história oral de família não é apenas a soma das histórias de vidas de indivíduos consanguíneos. Ela sempre tem um compromisso com a definição do projeto familiar que organiza, através de gerações, a trajetória do grupo que aceita ou refuta as propostas iniciais. Normalmente, os projetos de história oral de famílias provocam entrevistas em duas ou três gerações, e, nesses casos, através da transformação do processo histórico que envolve os membros da comunidade, tem-se claro que há elementos culturais que mudaram e outros que dão a unidade, que resistem, constituindo-se no núcleo da entrevista.

A história oral de família diz respeito a categorizações precisas que implicam definir se o projeto abrange famílias nucleares, extensas ou clãs. A necessidade da precisão remete à formulação do universo de pessoas a serem entrevistadas.

É básico nos estudos de história oral de família a definição do projeto germinal familiar que estrutura a proposta de vida continuada do grupo. Essa noção essencial é que define o papel de continuidade ou não, de rebeldia ou aceitação dos membros da comunidade parental. No caso de história oral de família, as entrevistas de história oral de vida devem contemplar a noção do projeto familiar e as formas de adesão ou não que os indivíduos têm em função dela.

O mesmo mecanismo de análise aplicado à história oral de família se dá em função de outras coletividades institucionalizadas tais como trabalho, associações religiosas, esportivas ou políticas. É sempre a partir dos objetivos orientadores das propostas agremiativas que se orientam as histórias orais de vida que devem responder à relação entre os indivíduos, os membros e os objetivos do grupo ou da comunidade.

Exemplo:

Em uma família de libaneses foram entrevistadas pessoas de três gerações. O projeto familiar foi claramente detectado em pessoas de diferentes idades e revela o polo de unidade do grupo. Selecionados entre 23 pessoas entrevistadas em um mesmo projeto, três casos de gerações diferentes dão mostra da retomada do patriarca.

Sr. Abdulla, 83 anos, nascido em Zahle conta: saí do Líbano em 1930, depois da grande depressão econômica de 1929. Passávamos fome e minha família tinha sido uma das vítimas da falta de mercado para a venda dos carneiros de nossa pequena criação... eu tinha um tio no Brasil, o nome dele era Habib que em árabe quer dizer "amor"... pois bem, esse tio "amor" pagou minha passagem e me chamou para vir ao Brasil. Ele morava na rua Riachuelo, no centro comercial do Rio, era viajante de tecidos... eu mantive a tradição da família e logo comecei a acompanhar esse tio nas viagens... fui aprendendo a ser "árabe" ou "turco", como os brasileiros me chamavam...

Sr. Ricardo, da primeira geração nascida no Brasil, com 55 anos de idade ao narrar a sua história começava no pai, retomando a trajetória para se explicar. Assim ele dizia: pois é tudo começou com meu pai. Ele veio logo depois de 1929 e foi morar com um tio muito simpático, solteirão, que morava no Rio de Janeiro. Papai, como a maioria, começou a trabalhar cedo e com tecido. Ele acompanhava o velho tio e depois tomou o lugar dele. Foi viajando que ele aprendeu muito sobre o Brasil. Muito esperto, papai logo começou a comprar tecidos e esperava o preço subir para revendê-los... então ele fazia um duplo negócio: de viajante e de distribuidor... foi juntando um dinheirinho e pela altura dos anos 50 ele já tinha sua loja de distribuição de tecidos. Foi assim que ele passou a ser "sírio"... Quando meu pai virou "sírio", ele não mais era o "turco" ou o "árabe" pobretão... Todos já o respeitavam. Eu continuei seus negócios na loja que mantenho até hoje. Meus irmãos menores seguiram outros caminhos: o José toma conta dos hotéis e o Jorge é médico. As irmãs se casaram todas com patrícios... somos uma família muito unida.

Robert, de 22 anos de idade, também começa sua história contando o início brasileiro das peripécias do avô: tudo começou com ele. Chegando ao Brasil, com a ajuda de um tio que se chamava "amor", vovô deu início a uma atividade que se desdobrou com os filhos e agora com os netos. Ele veio de Zahle, que é uma cidade de onde muitos libaneses vieram para o Brasil. Dizem que existe até uma rua chamada Brasil e que muitas pessoas falam português lá... Um dia ainda quero ir para lá. Meu pai cuidou dos negócios de tecido deixado pelo meu avô. Fez muito, melhorou tudo. Meu tio José cuidou dos hotéis e hoje formamos um grupo de negociantes. Meu tio Jorge é médico, mas também participa dos negócios. Também participam os meus tios, casados com as irmãs de meu pai. Hoje podemos dizer que voltamos a ser "libaneses", pois estamos bem de vida.

Pela história recordada em fragmentos de três gerações, pode-se notar a lógica narrativa e a continuidade do projeto familiar. Interessante é observar como de geração para geração, a questão da identidade é retomada, mantida e equiparada ao mito popular dos libaneses que no começo, quando chegam e ainda são pobres, se tornam conhecidos como "árabes" ou "turcos". Em outro momento, são conhecidos como "sírios" (segunda geração) e finalmente voltam a ser "libaneses", quando se tornam ricos.

Fica claro, pelo exemplo anterior, que a trajetória marcou a vida de todas as gerações envolvidas. As histórias sempre começam no projeto do avô imigrante.

Outro exemplo:

Um estudo sobre uma família que vivia conflitos políticos internos levou a verificar, nas histórias pessoais quais os efeitos cumulativos que teriam influenciado na vida comunitária. A evidente posição de luta interna revelou que as opções ideológicas teriam materializado outros conflitos, emocionais, mas, de toda maneira, a noção de vínculo familiar permaneceu. Assim, o velho capitão Sidney contou sua história: sou militar, tenho 76 anos de idade. Percorri todo o Brasil em minha carreira no Exército nacional... quando estava no Rio Grande do Norte, em Natal, conheci Eunice, que se tornou minha mulher. Com ela, tivemos três filhos: Eudiley, Eunis e Eudis: um menino e duas meninas. Educar as filhas foi sempre mais fácil. Elas sempre foram muito obedientes e pacatas. Logo se ajeitaram no esquema de mudanças de uma cidade para outra e aprenderam a se adaptar às escolas, igrejas, amiguinhas... Com o Eudiley, não... Com ele foi tudo muito diferente. Ele sempre foi rebelde, desde criancinha. Foi mau aluno nas escolas, nunca aceitou o fato de a gente ter que se mudar sempre. O mais difícil mesmo foi a relação dele comigo. Ao contrário das meninas, ele nunca aceitava ordens e sempre era do contra. Quando foi crescendo, mesmo morando nas vilas militares, ele manifestava-se rebelde. Quando estávamos em Agulhas Negras, nos anos de 1960, ele usava camisa vermelha, cabelos grandes e fumava. Estudante de uma escola pública, se tornou um "vermelho" e começou a criar problemas na vila... foi um desespero para mim, pois imagine eu tendo um filho comunista. Ele cresceu mais, continuou rebelde e logicamente tivemos que romper. Ele de um lado, eu, minhas filhas e minha mulher do outro. Ele foi preso, deu muitas cabeçadas até que se casou... imagine que ironia, casou-se com a filha de um colega mais "duro" do que eu... daí por diante ele foi se endireitando. Voltamos às boas e agora conseguimos nos relacionar... não muito bem, mas conseguimos ser próximos... eu acho isso importante porque ele conta para os filhos dele histórias mentirosas sobre mim, sobre os militares brasileiros e eu tento mostrar para os netinhos – são dois meninos – que a coisa não foi bem assim.

3) HISTÓRIA DE VIDA DE CATEGORIA PROFISSIONAL

Há situações em que o empenho profissional organiza determinadas formas de procedimentos que influem em certos contextos. Em particular quando o impacto conjunto da definição profissional pesa em determinadas realidades, o sentido profissional ganha relevo. Médicos que em conjunto combatem uma doença; bombeiros que atuam no resgate de determinadas vítimas; soldados que combatem o tráfico de drogas, são alguns exemplos de categorias profissionais que acabam dando razão de ser às funções de trabalho. Eis um exemplo:

Durante a fase da ditadura militar de 1964, no Brasil, o esquema imposto pela censura era muito limitador do trabalho dos historiadores brasileiros. Sem bom acesso às fontes e, sobretudo, com comprometimento dos direitos civis, os nacionais se viram privados da alternativa de proceder uma análise mais consequente do quadro histórico nacional. Os brasilianistas, por outro lado, com condições e garantias civis mais abertas, se mostraram ativos como personagens abertos a explicar – a favor ou contra – as atitudes do governo militar. Este é um exemplo de atividade profissional em que professores e pesquisadores de outros países atuaram como elementos importantes para a reflexão sobre um período. No entanto, o exame das atitudes da vida de cada um leva à suposição de que, a par das motivações externas, os impulsos pessoais influíram nas formas de participação.

35. CADERNO DE CAMPO

Aconselha-se vivamente o uso de caderno de campo no acompanhamento das entrevistas e no registro da evolução do projeto. No caderno de campo, colocam-se as observações tanto do andamento do projeto como das entrevistas específicas. Sugere-se que o caderno de campo funcione como um diário em que o roteiro prático (quando forem feitos os contatos, quais os estágios para se chegar à pessoa entrevistada, como correu a gravação, eventuais incidentes de percurso) sejam arrolados. É nesse caderno que devem também constar as impressões, bem como as ilações feitas a partir dos vínculos com entrevistas anteriores e hipóteses levantadas para enlaçar as futuras.

Nele também devem ser registrados inclusive os problemas de aceitação das ideias dos entrevistados bem como toda e qualquer reflexão teórica decorrente de debates sobre aspectos do assunto. O caderno de campo deve ser íntimo e o acesso a ele deve ser exclusivo de quem dirige as entrevistas. Uma das suas funções é possibilitar um diálogo frequente e constante em relação ao projeto inicial. Certamente, o caderno de campo se torna um referencial obrigatório nas finalizações dos trabalhos. A validade dele como elemento de registro garante a trajetória da evolução do trabalho que varia em vista do projeto inicial.

Vejamos (página de um caderno de campo): Nova York, 22 de novembro. Hoje, segunda-feira, fiz duas entrevistas, ambas aqui em Manhattan. Havia marcado o encontro com Cíntia dia 3, ela mudou duas vezes e por fim fomos até o Plaza. Foi tudo muito diferente. Entrevistar em um hotel tão luxuoso foi uma aventura que, afinal, ajudou a entender a sofisticação pretendida por ela. Nossos primeiros contatos foram mais ou menos formais. Ela se atrasou muito e eu fiquei inquieto pensando que havia errado o hotel ou a sala de encontro. Depois entendi que o atraso fazia parte do charme. Ambos estávamos desconfiados. Eu achava que ela queria me usar para alguma coisa; eu achando que ela estava representando o tempo todo. Acho que acertei. Soube que a mãe dela vem visitá-la e ela está querendo mostrar a universidade para a mãe, talvez para que financie os estudos da filha. A entrevista durou uma hora e meia. Tomamos um chá que, logicamente, ela fez questão de pagar. A entrevista foi boa, ainda que muito superficial. Ficou claro que ela tem o que dizer, mas falta intimidade. Marcamos um segundo encontro e mesmo ela tentando deixar a data em aberto, eu fechei para o fim de semana próximo. A história de Cíntia parece ser importante porque ela tem uma experiência diferente da maioria do pessoal. Sendo bastante rica, ainda que trabalhe como os demais, sinto que ela pode progredir. O inglês dela é perfeito.

> Na parte da tarde fui até a casa de S.S.B. Ela me esperava com um chá delicioso e antes da entrevista conversamos um pouco. Ela logo alertou que às quatro horas os filhos chegariam da escola e então não mais teríamos paz. Verdade. Os dois filhos chegaram e nem deu para terminar a entrevista. Aliás, a conversa inicial foi muito longa, ainda que bastante proveitosa. As ideias que S. tem sobre os brasileiros batem com as minhas intuições. Ela se propõe a dar um amparo emocional para várias moças que chegam cheias de ilusão e depois se decepcionam. O aspecto pessoal e religioso de S. a faz diferente do resto do grupo. O fato de ela ter desmanchado o casamento aqui e continuar na mesma cidade é bem interessante. Ela deixou claro que a imigração provoca muitas separações. Vou prestar atenção nesse detalhe. Marcamos um novo encontro para o dia 29. Estou curioso por saber como ela consegue pagar o aluguel de um apartamento tão bom sendo manicure. Tentei saber, mas ela não quis entrar em detalhes de dinheiro. Por que será que os brasileiros não falam quanto gastam para sobreviver aqui?

36. ETAPAS DO ORAL PARA O ESCRITO

Os trechos apresentados na sequência são apenas um excerto da entrevista que aqui funciona como exemplificação dos conceitos trabalhados: transcrição, textualização e transcriação. Portanto, vale lembrar que a entrevista é mais longa e aborda outros temas que não serão tratados neste momento. Por isso mesmo alguns elementos novos aparecem nas fases 2 e 3, pois são trazidos de outras partes da entrevista e reorganizados. Por vezes, algumas informações podem ser acrescentadas de acordo com anotações de pesquisa presentes no caderno de campo, caso específico da fase 3. Sendo assim, os textos resultantes do trabalho de cada fase são distintos, mesmo mantendo semelhanças entre eles.

FASE 1: Entrevista com Fernando Ito 23/12/2009

JC: Taubaté, 23 de dezembro de 2009, entrevista com Fernando Ito, mas seu nome é Fernando Ito só?

Exemplos em variações de história oral   135

FI: Não, meu nome é Fernando Ribeiro Ito, Ribeiro é nome da minha mãe, como encurtar fica mais fácil tudo, eu assumi o nome do meu pai, que é Ito, e depois eu tirei o Fernando e ficou só o Ito, quer dizer, para um nome ligado à arte, acho que ficou mais rápido, mais fácil, vamos dizer, mais marketing. Tive a sorte de ter só Ito no sobrenome, então acho que facilitou muito também.

JC: O meu tipo de trabalho é muito lento, eu faço tudo muito devagar, e a entrevista também é mais detalhada, a minha ideia é aproveitar tudo o que não foi dito antes para a gente incorporar agora, isso a gente chama de história de vida, é mais do que uma entrevista de pergunta e resposta. Então, as minhas perguntas são sempre muito compridas, para dar espaço para você organizar as suas escolhas.

FI: Na observação, um dos dados que eu sempre gostei de fazer e faço, é justamente ficar antenado na memória, sempre perguntando antes, por isso que qualquer coisa que dê um start lá no meu subconsciente eu vou buscar, porque eu não esqueço.

JC: Eu queria começar por essa questão da sua família, como era a família da sua mãe?

FI: A família da minha mãe era muito simples, o que eu sei é que meu avô já não era do primeiro casamento...

JC: Daqui de Taubaté?

FI: Daqui de Taubaté. Chamado Dometino Ribeiro. E minha avó Diamantina, que ficou Diamantina Ribeiro. Eles eram dessa região do Vale do Paraíba, de Redenção da Serra, mas tudo veio a agregar com a industrialização aqui, de Taubaté, ambos foram funcionários da fábrica do CTI, inclusive moravam perto da fábrica de CTI, na rua Honório Jovino, eram todas ruas adjacentes que davam em torno da fábrica. Enfim, era uma família simples, bastante simples, porém de uma disciplina familiar muito legal, minha avó foi uma pessoa muito presente na minha vida. Não ilustrando a parte cultural, que eu acho que o meio que teve isso, o que acontece é que quando eu era moleque demais, ela que nos conduzia para certas viagens, era ela que nos levava para Redenção, ela que nos levava para São Luiz do Paraitinga, diretamente ou indiretamente ela estava dando um

136 Guia prático de história oral

pouco de cultura para nós. Enfim, meu avô morreu muito cedo, eu tinha praticamente uns 10 anos, meu avô morreu de câncer, foi a primeira vez que eu vi uma pessoa acamada, já vermelha, toda aberta, no final de vida, essa é a imagem que eu tenho do meu avô, era uma pessoa muito legal. O que eu lembro do meu avô é que toda vez que ele passava no supermercado, ele comprava biscoitinho de polvilho queimado com fubá, não é sal nem doce, mas é uma delícia, tem até hoje, então toda vez que eu dou uma mordida nesse biscoito me vem a lembrança, a saudade, desses tempos, que não voltam mais, né?

JC: E a sua avó, ela cozinhava em casa?

FI: Minha avó era uma verdadeira quituteira. Hoje dificilmente eu como chuchu, mas engraçado, o chuchu da minha avó cheirava lá na esquina, era delicioso. E sempre assim, fazendo um produto *in natura*, se tinha um palmito, ela pegava como recheio e fazia pastelzinho de palmito. Como era muita gente, o poder de fazer era muito grande, e era uma grande boleira, fazia muito bolo, então sempre que ia para a casa dela, dificilmente não encontrava uma mesa farta com muitos bolos e salgados.

JC: Você disse que a família era grande, quantas pessoas eram?

FI: Minha mãe se chamava Ruth, Celina, Ademir, Tino, Jairo, Jair, e Jarbas, oito filhos. Acho que minha mãe deve ser a quarta filha, coisa assim. Porém três já morreram, o Ademir, que era o caçula, morreu também, de problemas com o álcool, morreu de cirrose, o Tino também foi de problemas de álcool, como eram muito próximos, eles viraram, com essa intervenção das indústrias de Taubaté, foram funcionários da Ford por muitos anos, e todos eles, quando se aposentaram da Ford, não tinham o que fazer e então se afundaram na bebida. Lastimável... Eram pessoas muito queridas, pessoas muito legais, mas de pouca instrução universitária.

JC: E tinha música?

FI: Não, não tinha nada, impressionante. Se você fizer uma pergunta para mim relacionada à arte, não tinha nada, impressionante.

JC: E religião?

Exemplos em variações de história oral **137**

FI: Olha, religião, eu fui batizado aqui na catedral de Taubaté, mas nunca foi muito...

JC: Mas a família...

FI: A família sempre teve muita fé, principalmente minha avó, na cozinha da minha avó tinha um santo, como toda cozinha antigamente, e na entrada também eu lembro que tinha um altarzinho pequenininho com uma imagem, uma lampadazinha como toda casa do interior, algumas têm ainda, mas nunca foi uma coisa muito acirrada em cima de nós.

JC: E a identidade do pessoal como era, se sentia taubateano, brasileiro, português...?

FI: Acho que taubateano, eu tinha uma grande admiração pela fábrica CTI, sempre que ia conversar com ele, sempre em torno da fábrica da CTI, porque foi um momento que eles ficaram por muito tempo. E um dado interessante, você falou da comida, eu agora lembrando, a minha avó foi merendeira da escola da CTI, era uma rua paralela ali, minha avó era a merendeira da escola. Inclusive, quando nós íamos visitar a minha avó, nós íamos nessa escola, nesse grupo, a gente chamava de grupo nessa época, e minha avó que zelava por essa escola, ela que fazia a merenda e cuidava da escola, isso no final da carreira dela.

JC: Quer dizer que ela trabalhava?

FI: Minha avó trabalhou a vida inteira, meu avô não, quando eu conheci ele, ele já estava aposentado, tenho certeza porque o via bastante, ele não trabalhava mais. Então o espaço que lembro do meu avô foi curto demais...

JC: Qual a melhor lembrança que você tem da sua avó e do seu avô?

FI: Do meu avô a melhor lembrança que eu tenho é que sempre gostei de ferramenta e ele me deu um martelinho, pequenininho, e da mesma forma que ele me deu esse martelinho, acho que ele uma vez achou jogado esse martelinho e nunca mais me deu de volta... A outra lembrança que eu tenho é desses biscoitinhos de rosca, com fubá, queimados, cada pacotinho deve ter 200 gramas, é uma delícia, então a entrada dele na minha casa, se ele não entrasse com aquilo ele não era meu avô, impressionante... E da minha avó tenho

138 Guia prático de história oral

a lembrança desse chuchu, dos pasteizinhos e da caipirinha que ela fazia quando íamos para Ubatuba, minha avó gostava também de tomar uma bebida, ela dizia que sempre que dava uma cuspida no chão, nascia um pé de maracujá... Minha avó sempre foi muito etílica, uma pessoa muito alegre, sei que quando ela já estava no final da vida dela, a gente se reunia para fazer essas festas de família, era muito interessante, era uma família festeira, lembro da época dos tios, eles reuniam a família para produzir algo no dia seguinte, era muito interessante.

FASE 2: "Eu gostava de criar, era entretido com o fazer"

Meu nome é Fernando Ito... Tenho 49 anos... Nasci em Taubaté, SP. Minha cidade é um lugar bastante típico do Vale do Paraíba paulista, combinando tradição e desafios da modernidade. Esse sempre foi um lugar muito bom para se viver. Nasci no Largo Chafariz, um bairro maravilhoso, uma espécie de espaço de memória da cidade... Por lá a cidade transitava, era caminho para o centro.

Meu nome completo é Fernando Ribeiro Ito. Ribeiro é sobrenome da minha mãe, mas como encurtar facilita, assumi apenas o nome do meu pai, que é Ito... Para um nome ligado à arte, acho que ficou mais rápido, mais fácil, mais marketing... Fiz isso porque acho que facilita, mas tenho muito orgulho da família de minha mãe também... A família da minha mãe era muito simples. Meu avô chamava-se Dometino Ribeiro e minha avó Diamantina. Eles eram dessa região mesmo, de Redenção da Serra, mas o encontro deles se deu em Taubaté e decorreu do processo precoce de nossa industrialização. Ambos eram funcionários da fábrica do CTI, inclusive moravam perto da fábrica de CTI, na rua Honório Jovino, uma dessas ruas adjacentes que cercavam a fábrica.

Era uma família simples, bastante simples até, porém de uma disciplina familiar muito rígida. Minha avó foi uma pessoa bastante presente em minha vida. Ela proporcionava certas viagens que fizeram parte de meu imaginário infantil. Era ela que nos levava para Redenção, para São Luís do Paraitinga, nos apresentava o mundo. Diria que diretamente ou

Exemplos em variações de história oral **139**

indiretamente foi ela que nos deu um pouco de conhecimento e nos introduziu à cultura local. Minha avó era quituteira. Hoje dificilmente como chuchu, mas engraçado, o chuchu da minha avó cheirava lá na esquina, era delicioso. E sempre foi assim, ela cozinhando, preparando produtos colhidos ou comprados *in natura*. E havia sempre um quitute à mesa. Lembro-me bem do pastelzinho de palmito. Como era muita gente, ela vivia em torno da cozinha e além dos salgados, era uma grande boleira, fazia muito bolo. Então sempre que ia à casa dela encontrava mesa farta com muitos bolos e salgados... A minha avó, inclusive, foi merendeira da escola da CTI, numa rua paralela à fábrica. Quando nós íamos visitá-la, passávamos por essa escola que à época a gente chamava de grupo escolar. Sim, minha avó zelava por essa escola e era ela quem fazia a merenda e cuidava da limpeza. Olha que isso durou muito, até o final da carreira dela: minha avó trabalhou a vida inteira... Falar disso também me traz a lembrança da caipirinha que ela fazia quando íamos para Ubatuba, minha avó gostava também de tomar uma bebida, ela dizia brincando que sempre que dava uma cuspida no chão poderia nascer um pé de limão ou de maracujá... Ela sempre foi muito etílica, uma pessoa muito alegre. Lembro-me de que quando ela já estava no final da vida, a gente se reunia para fazer essas festas de família, era muito interessante, era uma família festeira...

Já meu avô morreu muito cedo, eu tinha uns 10 anos. Ele morreu de câncer, foi a primeira vez que vi uma pessoa acamada, padecendo o final de vida. Isso me marcou muito. Recordo que meu avô, toda vez que ele passava no supermercado, comprava biscoitinho de polvilho queimado com fubá. Engraçado, mas essa lembrança me ficou dele: se não entrasse esse biscoito ele não ficava bem... O biscoito não é salgado nem doce, mas é uma delícia, existe até hoje, então toda vez que eu dou uma mordida nesse biscoito me vem a lembrança, a saudade, desses tempos, que não voltam mais... Outro detalhe constante é a lembrança das ferramentas que ele tinha. Isso se tornou fundamental em minha vida. Foi ele, por exemplo, que me deu um martelinho, pequenininho. Aliás tenho uma historinha interessante sobre esse martelinho, pois uma ocasião ele foi à casa de meus pais e viu esse martelinho jogado, pegou-o, guardou-o e nunca mais me deu de volta... Mas não são tantas as lembranças que tenho do meu avô usando essas ferramentas. Quando o conheci ele já estava aposentado, tenho certeza porque o via bastante em casa, não trabalhava mais. Assim as lembranças do meu avô são poucas...

A família da minha mãe realmente era grande... Minha mãe chamava-se Ruth, e os irmãos e irmãs dela eram: Celina, Ademir, Tino, Jairo, Jair, e Jarbas. Acho que minha mãe deve ser a quarta filha, coisa assim. Porém, três já morreram: o Ademir, que era o caçula, morreu também, de problemas com o álcool, morreu de cirrose, o Tino também foi de problemas com álcool. Como eram muito próximos, eles viraram, com essa intervenção das indústrias de Taubaté, foram funcionários da Ford por muitos anos, e todos eles, quando se aposentaram da Ford, não tinham o que fazer e então se afundaram na bebida. Lastimável... Eram pessoas muito queridas, pessoas muito legais, mas de pouca instrução universitária...

Nessa parte da família não tinha música, não tinha arte, nada. Mas a família sempre teve muita fé, principalmente minha avó, na cozinha da minha avó tinha um santo, como toda cozinha antigamente. Na entrada também lembro que tinha um altarzinho pequenininho com uma imagem, uma lampadazinha como toda casa do interior, algumas têm ainda, mas nunca foi uma coisa muito acirrada em cima de nós. E também lembro do fato que, apesar de ser uma família de origem portuguesa, todos se sentiam bem taubateanos...

Em relação à família do meu pai, é um negócio interessante demais, porque fiquei ligado à família do meu pai, foi recente, a partir de 90, até então não tinha muita noção do que era. Meu avô colocou um pseudônimo aqui no Brasil, porque veio da segunda geração que chegou do Japão para o Brasil, ele não veio no Maru, veio no Kosoto-Maru, o segundo navio. Algumas pessoas falam que sou louco, e falo que meu avô foi muito mais louco do que eu, isso porque ele era de uma família muito rica no Japão, deserdou da família, tentou ser monge budista, casou-se com uma proletária e veio para o Brasil... E um detalhe, quando eles vieram para o Brasil, a lei era a seguinte: só permitia que se viesse para o Brasil casado e com filho, e eles não tinham filhos. Então a minha avó tinha um irmão caçula, e ele veio junto, quer dizer, veio minha avó, meu

Exemplos em variações de história oral **141**

avô, e essa pessoa, ninguém sabe onde está essa pessoa, perguntei agora para minhas tias, e elas não sabem me informar. Quando fui legalizar os documentos para sair do Brasil, com documento japonês, aí veio a tradução, e realmente, na tradução do documento, tinha essa pessoa. E meu pai não tem o registro no consulado japonês, o único que tem é meu tio Mário, que já faleceu, e meu tio Antônio que também já faleceu, meu tio Antônio era mais velho. Então também é engraçado, porque quem registra no consulado japonês é issei, e quem vem da geração depois é nissei, e como meu pai não foi registrado, nesse trâmite eu passei a ser sansei, mas mesmo pelo segmento que tenho da hierarquia japonesa, itinissan, iti é o primeiro, nis é o segundo e san é o terceiro, chama issei e sansei, eu sou da terceira geração da estrada, essa mistura abrasileirada já. Eles chegaram em Santos, meu avô foi um verdadeiro nômade, ele passou por tantos lugares do Brasil que é interessante, eu sei que minha tia Iraci nasceu em Coaraci, Espírito Santo, ele andou muito, por exemplo, meu pai é pindense, nasceu em Pinda... A relação que ele tem com Taubaté, ele veio por causa da plantação de juta, para o cultivo de juta. Andou por toda essa região, inclusive na documentação que peguei do Japão, alguns documentos tinham salvo-conduto, na época da guerra ele tinha que ir de um lugar para outro, e teve uma época que meu avô foi considerado proletário no Brasil, para receber algumas coisas do governo brasileiro, então como todo imigrante ele sofreu bastante.

Tinha 6 anos quando conheci meu avô, a partir de 6 anos eu lembro, antes não, com 5 anos não lembro, mas a partir de 6 anos eu pego. O meu avô, uma coisa que lembro bem, é que era um sujeito muito enérgico, muito bravo, como todo japonês velho... Quando chegou no final da vida dele, já estava cansado de viver, tentou o suicídio várias vezes, um deles eu presenciei, que foi o corte dos dois pulsos dele, foi na casa do meu tio Mário, lá na Faria Lima, mas enfim, não foi dessa vez que ele foi não, ele durou muito tempo. Só foi ficando velho, como todo japonês, quando vai envelhecendo, eles vão se curvando, interessante, geralmente você pode ver que quando um japonês trabalha abaixado, e pela corcunda, vai encurvando. Quando morávamos ali no Chafariz, ele fazia caixas de tomate, então presenciei muito isso dele, tenho essa lembrança

142 Guia prático de história oral

dele. Já minha avó não, eu não cheguei a conhecer minha avó. Engraçado que eles tinham o nome japonês, quando eles vieram para o Brasil, automaticamente colocaram um nome, meu avô era Caetano e minha avó era Luísa...

FASE 3: "Eu gostava de criar, era entretido com a criação"

Meu nome é Fernando Ito... Tenho 49 anos... Nasci em Taubaté, SP. Minha cidade é um lugar bastante típico do Vale do Paraíba paulista, combinando tradição e desafios da modernidade. Esse sempre foi um lugar muito bom para se viver. Nasci no Largo Chafariz, um bairro maravilhoso, uma espécie de espaço de memória da cidade... Por lá a cidade transitava, era um caminho para o centro, principalmente para quem vinha da roça.

Meu nome completo é Fernando Ribeiro Ito. Ribeiro é sobrenome da minha mãe, mas como encurtar facilita, assumi apenas o nome do meu pai, que é Ito... Para um nome ligado à arte, acho até que ficou mais rápido, mais fácil, mais marketing... Fiz isso porque acho que agiliza, mas tenho muito orgulho da família de minha mãe também... A família da minha mãe era muito simples. Meu avô chamava-se Dometino Ribeiro e minha avó Diamantina. Eles eram dessa região mesmo, de Redenção da Serra, mas o encontro deles se deu em Taubaté e decorreu do processo precoce de nossa industrialização. Ambos eram funcionários da fábrica CTI, inclusive moravam perto do prédio onde trabalhavam, à rua Honório Jovino, uma dessas adjacentes.

Era uma família modesta, porém de uma disciplina familiar muito rígida. Minha avó foi uma pessoa bastante presente em minha vida. Ela proporcionava certas viagens que fizeram parte de meu imaginário infantil. Era ela que nos levava para Redenção, para São Luiz do Paraitinga, nos apresentava o mundo possível. Diria que diretamente ou indiretamente foi ela que nos deu um pouco de conhecimento e introduziu à cultura local. Minha avó era quituteira. Hoje dificilmente como chuchu, mas engraçado, o chuchu da minha avó cheirava lá desde a esquina, era

Exemplos em variações de história oral **143**

delicioso. E sempre foi assim, ela cozinhando, preparando produtos colhidos ou comprados in *natura*. E havia sempre um quitute à mesa. Lembro-me bem do pastelzinho de palmito. Como havia muita gente, ela vivia em torno da cozinha e além dos salgados, era uma grande "boleira", fazia muito bolo. Então sempre que ia à casa dela encontrava mesa posta com muitos doces e salgados... A minha avó, inclusive, foi merendeira da escola da CTI, numa rua paralela à fábrica. Quando nós íamos visitá-la, passávamos por essa escola que à época a gente chamava de "grupo escolar". Sim, minha avó zelava por essa escola, era ela quem fazia a merenda e cuidava da limpeza. Olha que isso durou muito, até o final da carreira dela: minha avó trabalhou a vida inteira... Falar disso também me traz a lembrança da caipirinha que ela fazia quando íamos para Ubatuba; minha avó gostava também de tomar um "traguinho" e até, ela dizia brincando que sempre que dava uma cuspidinha no chão poderia nascer um pé de limão ou de maracujá... Ela sempre foi muito etílica, uma pessoa muito alegre. Lembro-me de que quando ela já estava no final da vida, a gente se reunia para fazer essas festas de família, tudo era muito interessante, era uma família festeira...

Já meu avô morreu muito cedo, eu tinha uns dez anos. Ele morreu de câncer, foi a primeira vez que vi uma pessoa acamada, padecendo o final de vida. Isso me marcou muito. Recordo que meu avô, toda vez que ele passava no supermercado, comprava biscoitinho de polvilho queimado com fubá. Engraçado, mas essa lembrança me ficou dele: se não comesse o tal biscoito ele não ficava bem... O biscoito não era salgado nem doce, mas sempre uma delícia – existe até hoje –, então toda vez que eu dou uma mordida nesse biscoito ele me vem à mente. Ah que saudade desses tempos, que não voltam mais!... Outro detalhe constante é a lembrança das ferramentas que ele tinha. Isso se tornou fundamental em minha vida. Foi ele, por exemplo, que me deu um martelinho, pequenininho. Aliás, tenho uma historinha interessante sobre esse martelinho, pois uma ocasião ele foi à casa de meus pais e viu jogado o tal martelinho, pegou-o, guardou-o e nunca mais me deu de volta... Mas, contudo, não são muitas as lembranças que tenho do meu avô usando essas ferramentas. Quando o conheci ele já estava aposentado, tenho certeza, porque o via bastante em casa, não trabalhava mais. Assim as lembranças do meu avô são poucas...

A família da minha mãe realmente era grande... Ela chamava-se Ruth, e os irmãos e irmãs dela eram: Celina, Ademir, Tino, Jairo, Jair, e Jarbas. Acho que minha mãe deve ser a quarta filha, coisa assim. Porém, três já morreram: o Ademir, que era caçula, morreu também, de problemas com o álcool, morreu de cirrose, o Tino também se foi e de problemas com álcool. Como eram muito próximos, eles viraram operários dada a presença das indústrias de Taubaté; foram funcionários da Ford por muitos anos, e todos eles e quando se aposentaram, sem ter o que fazer, se afundaram na bebida. Lastimável... Eram pessoas muito queridas, pessoas legais, mas de pouca instrução universitária...

Nessa parte da família não tinha música, não tinha arte, nada mais requintado, mas na família houve muita fé religiosa. Minha avó, na cozinha tinha um santo, como era comum em toda cozinha antigamente. Na entrada também, lembro, tinha um altarzinho pequenininho com uma imagem, uma lampadazinha como toda casa do interior; algumas têm ainda. O engraçado é que apesar de tudo essa devoção nunca foi tão marcante em nós de outras gerações. Devo dizer que, apesar de ser uma família de origem portuguesa, todos se sentiam bem taubateanos...

Em relação à família do meu, pai deu-se algo interessante, quase épico. Sempre fui mais ligado ao núcleo paterno, mas apenas recentemente fui desvendando a história deles. Diria que somente a partir da década de1990 comecei a cultivar o conhecimento da rota familiar paterna e fiquei muito surpreso. Até então não tinha conhecimento do que era ser emigrante e, sinceramente, nem me preocupava com isso. Meu avô veio na segunda leva de emigrantes do Japão para o Brasil, ele não chegou no grupo do Kasato Maru como os pioneiros celebrados. Algumas pessoas falam que sou louco, e respondo que louco de verdade foi esse meu avô, muito mais maluco do que eu. Ele era de uma família muito rica no Japão, desertou-se do clã, tentou ser monge budista, casou-se com uma proletária e veio para o Brasil... Nessa façanha há um detalhe curioso: para vir para o Brasil a lei só permitia que se viesse casado e com filho,

Exemplos em variações de história oral **145**

e, como ele não tinha filho, pegou um irmão caçula de minha avó e o trouxe, então, vieram: minha avó, meu avô e essa pessoa que ninguém sabe onde foi parar ou o que aconteceu com ela. Recentemente perguntei para minhas tias sobre esse parente e ninguém soube me informar. Quando fui legalizar os documentos para sair do Brasil com papéis japoneses, vendo a tradução notei que realmente constava dos registros essa pessoa. É curioso que meu pai não tem matrícula no consulado japonês, ao contrário de meu tio Mário e do tio Antônio, ambos falecidos.

Há algo de sensacional na aventura do meu lado japonês. A preocupação com a continuidade é muito consequente em termos da manutenção das tradições. É nessa linha que se mantém a ordem hierárquica dos descendentes. Quem se registra no consulado japonês é "issei"; a geração seguinte é "nissei", mas, como meu pai não foi registrado, nesse trâmite eu passei a ser "sansei", ainda que pelo segmento hierárquico seria itinissan – "iti" é o primeiro, "nis" é o segundo e "san" o terceiro. Em suma, eu sou da terceira geração dessa estrada, mistura abrasileirada. Meu avô chegou em Santos e no Brasil foi um verdadeiro nômade, passou por tantos lugares. Eu sei que minha tia Iraci nasceu em Coaraci, Espírito Santo, mas esteve também por esta região, tanto que meu pai nasceu em Pindamonhangaba. A relação dele com Taubaté se deveu à plantação de juta. Testei as andanças de meu avô pela documentação que juntei. Entre os papéis, encontrei um salvo-conduto, autorização que, na época da guerra, as pessoas precisavam para se locomover de um lugar para outro. Sei também que há um registro de meu avô como "proletário" e creio que fez isso para receber algumas coisas do governo brasileiro. Em suma a vida daqueles imigrantes era sofrida, mas aventurosa.

Tinha 6 anos quando conheci meu avô. Recordo-me bem de meu avô e sei que foi um sujeito muito enérgico, bravo como todo japonês velho... Quando chegou ao final da vida, cansado, tentou o suicídio várias vezes e, um deles eu presenciei. Foi triste, pois cortou os dois pulsos... Foi na casa do meu tio Mário, mas enfim, não foi dessa vez que ele se foi. Durou muito tempo mais. Cada vez mais velho, como todo japonês, quando vai envelhecendo, foi se curvando, consequência de quem trabalha na terra, abaixado. Quando morávamos no Chafariz, ele fazia caixas de tomate e eu o olhava trabalhando, sempre. Guardo esta lembrança viva em minha memória. Minha avó, não cheguei conhecer. Sei, porém que logo que chegaram mudaram de nomes e meu avô virou Caetano, minha avó era Luísa...

37. LISTA DE CONTROLE DO ANDAMENTO DO PROJETO

Todos os projetos devem ser acompanhados de controles. Deve sempre haver, pelo menos, duas modalidades de fichas: uma do projeto e outra do entrevistado.

A ficha é meramente técnica e deve constar o nome do projeto, a relação dos entrevistados com os seguintes itens: I) Dados do projeto; II) Dados do depoente; III) Dados dos contatos e IV) Dados do andamento das etapas de preparo do documento final; V) Envio de correspondências.

I)   Dados do projeto

Nome do projeto:
Diretor do projeto:
Instituição patrocinadora:
Entrevistador(es):

II) Dados do depoente

Nome completo:

Local e data de nascimento:

Endereço atual: nº:

Bairro: Cidade: Estado:

Cep: Telefone: E-mail:

Documento de identidade: tipo

Local e órgão de emissão:

Profissão atual:

Profissões anteriores:

Observações:

III) Dados dos contatos

Indicação do contato:

Data do contato:

Forma do contato:

Data(s) da(s) entrevista(s):

Duração e local da(s) entrevista(s):

148 Guia prático de história oral

IV) Dados do andamento das etapas e de preparo do documento final

1 - Primeira transcrição:

2 - Textualização:

3 - Transcriação:

4 - Conferência:

5 - Carta de cessão de direitos:

Nome do entrevistado	1	2	3	4	5
José Silva	x	x	x	x	x
Luana Lima	x	x	x		
Maria de Oliveira	x	x	x	x	x
Marco Fernandes	x	x	x		
Valmir Teixeira	x	x			
Wanda Neves	x	x	x	x	x

V) Envio de correspondências

Data da carta de apresentação do projeto:

Data do(s) agradecimento(s) da(s) entrevista(s):

Data da remessa da entrevista para conferência:

Data da carta de cessão:

38. CARTA DE CESSÃO

A carta de cessão é um documento fundamental para definir a legalidade do uso da entrevista. Ela pode remeter tanto à gravação quanto ao texto final (se este for produzido). No caso de haver só a gravação, deve ficar claro quais as possibilidades e os limites para o eventual uso posterior e cabe ao colaborador deixar especificados os critérios de uso. Nesse caso, sugere-se que a carta de cessão seja bastante elucidativa, principalmente no que se refere ao cuidado que se terá com o texto depois de transposto da oralidade para a escrita. Da mesma forma, é prudente vincular o controle de seu uso (no todo ou em parte) à instituição que tem a guarda da gravação (exemplo 1). Supondo que nas gravações queira-se propor limites tanto para que as fitas sejam ouvidas como para seu uso em citações, deve-se proceder um texto contendo claramente as limitações (exemplo 2).

Se houver, além da gravação, um texto escrito, deve ficar claro que o que prevalece, inclusive para o uso da instituição ou do projeto pessoal, é este texto. Nesse caso, a autorização para se ouvir a entrevista deve ter apenas a finalidade complementar, pois, desde que feita a conferência, é sobre ela que incide a "oficialização" da entrevista. As mesmas características de uso das gravações se aplicam ao texto escrito (exemplo 3 e 4). Há, finalmente, situações em que o nível de autorização é amplo e cedido sem limites (exemplo 1).

Exemplo 1

> (Local, data)
>
> destinatário,
>
> Eu, (nome, estado civil, documento de identidade), declaro para os devidos fins que cedo os direitos de minha entrevista, gravada (data(s)) para (entidade e pessoas) usá-la integralmente ou em partes, sem restrições de prazos e limites de citações, desde a presente data. Da mesma forma, autorizo o uso de terceiros ouvi-la e usar citações, ficando vinculado o controle à (instituição) que tem a guarda da mesma.
> Abdicando direitos meus e de meus descendentes, subscrevo a presente que terá minha firma reconhecida em cartório.
>
> (Nome e assinatura do colaborador).

Exemplo 2

(Local, data)

destinatário,

Eu, (nome, estado civil, documento de identidade) declaro para os devidos fins que cedo os direitos de minha entrevista, gravada (data(s)) para (entidade e pessoas) usá-la com as limitações relacionadas abaixo. Da mesma forma, estendo os limites a terceiros, ficando vinculado o controle à (instituição) que tem a guarda da mesma.

Abdicando direitos sob a parte não relacionada, o que faço também aos meus descendentes, subscrevo a presente que terá minha firma reconhecida em cartório.

Limites:
1) De partes (citar claramente as partes que não podem ser ouvidas indicando inclusive se elas devem ser apagadas da cópia original ou apenas das cópias colocadas a público).
2) De prazos (citando se há limitação de tempo para sua liberação – um ou mais anos desde a data da gravação – ou se apenas deve ser colocado à público depois da morte da pessoa).
3) De pessoas ou grupos que não devem ter acesso à fita.

(Nome e assinatura do colaborador).

Exemplo 3

(Local, data)

destinatário,

Eu, (nome, estado civil, documento de identidade) declaro para os devidos fins que cedo os direitos de minha entrevista, transcrita e autorizada para leitura (data(s)) para (entidade e pessoas) usá-la integralmente ou em partes, sem restrições de prazos e citações, desde a presente data. Da mesma forma, autorizo o uso de terceiros a ouvi-la e usar citações, ficando vinculado o controle à (instituição) que tem a guarda da mesma.

Abdicando direitos meus e de meus descendentes, subscrevo a presente que terá minha firma reconhecida em cartório.

(Nome e assinatura do colaborador).

Exemplo 4

(Local, data)

destinatário,

Eu, (nome, estado civil, documento de identidade) declaro para os devidos fins que cedo os direitos de minha entrevista, transcrita e autorizada para leitura (data(s)) para (entidade e pessoas) usá-la com as limitações relacionadas abaixo.

Da mesma forma, estendo os limites a terceiros, ficando vinculado o controle à (instituição) que tem a guarda da mesma.

Abdicando direitos sob a parte não relacionada, o que faço também aos meus descendentes, subscrevo a presente que terá minha firma reconhecida em cartório.

Limites:
1) De partes (citar claramente as partes que não podem ser ouvidas indicando inclusive se elas devem ser apagadas da cópia original ou apenas das colocadas a público).
2) De prazos (citando se há limitação de tempo para sua liberação – um ou mais anos desde a data da gravação – ou se apenas deve ser colocado à público depois da morte da pessoa).
3) De pessoas ou grupos que não devem ter acesso à fita.

(Nome e assinatura do colaborador).

Bibliografia

ALBERTI, Verena. *Ouvir contar*: textos em história oral. Rio de Janeiro: Ed. FGV, 2004.

_____. *Manual de história oral*. 2. ed rev. e atual. Rio de Janeiro: Ed. FGV, 2004. (1ª ed. com o nome *História oral*: a experiência do CPDOC, 1989.)

ALMEIDA, Juniele Rabêlo de. *Tropas em protesto*: o ciclo de movimentos reivindicatórios dos policiais militares brasileiros no ano de 1997. São Paulo, 2010. Tese (Doutorado em História Social) – Universidade de São Paulo.

AMADO, Janaína. Nós e o espelho. In: FERREIRA, M.; FERNANDES, T.; ALBERTI, V. *História oral, desafios para o século XXI*. Rio de Janeiro: FGV/CPDOC, 2000.

AMOURIM, Maria Aparecida Blaz Vasques. *Primeiro de abril de 1964*: a ditadura contra a cultura em São José do Rio Preto. São Paulo, 2009. Dissertação (Mestrado em História Social) – Universidade de São Paulo.

ANDERSON, Benedict R. *Imagined communities*: reflections on the origin and spread of nationalism. London; New York: Verso, 1991.

ANDRADE, Margarida. *Introdução à metodologia do trabalho científico*. 3. ed. São Paulo: Atlas, 1998, pp 105-112.

ARAÚJO, João Mauro Barreto de. *Cantadores repentistas no Nordeste brasileiro*: tradição e modernidade. São Paulo, 2007. Dissertação (Mestrado em História Social) – Universidade de São Paulo.

ATAÍDE, Yara Dulce Bandeira de. *Decifra-me ou te devoro*: história oral dos meninos de rua de Salvador. São Paulo: Loyola, 1993.

_____. *Clamor do presente*: história oral de famílias em busca da cidadania. São Paulo: Loyola, 2002.

BARBOSA, Xênia de Castro. *Experiências de moradia*: história oral de vida familiar. São Paulo, 2009. Dissertação (Mestrado em História Social) – Universidade de São Paulo.

BARTHES, Roland. *Análise estrutural da narrativa*. Petrópolis: Vozes, 1976.

_____. *Elementos de semiologia*. 10. ed. São Paulo: Cultrix, 1997.

BAUMAN, Zygmunt. *Identidade*. Rio de Janeiro: Jorge Zahar, 2005a.

_____. *Vidas desperdiçadas*. Rio de Janeiro: Jorge Zahar, 2005b.

_____. *Comunidade*: a busca por segurança no mundo atual. Rio de Janeiro: Jorge Zahar, 2003.

_____. *Modernidade líquida*. Rio de Janeiro: Jorge Zahar, 2001.

154   Guia prático de história oral

BENJAMIN, Walter. O narrador. *Magia e técnica, arte e política*. Obras escolhidas, v. 1. São Paulo: Brasiliense, 1987, pp.197-221.

BHABHA, Homi K. *O local da cultura*. Belo Horizonte: Ed. UFMG, 2001.

BOSI, Ecléa. *O tempo vivo da memória*: ensaios de psicologia social. São Paulo: Ateliê, 2003.

_____. *Memória e sociedade*. Petrópolis: São Paulo: T. A. Queirós, 1979.

BOURDIEU, Pierre. *A miséria do mundo*. Petrópolis: Vozes, 1997.

BRITO, Fábio Bezerra de. *Ecos da Febem*: história oral de vida de funcionários da Fundação Estadual de Bem-Estar do Menor de São Paulo. São Paulo: DH-FFLCH-USP, 2002.

_____. "Transcrição em história oral". In: ATAÍDE, Yara (org.). *Do oral ao escrito*: 500 anos de história do Brasil. Salvador: Uneb, 2000.

BURGOS, E. *Me llamo Rigoberta Menchú y así me nasció la conciencia*. 6. ed. México: Siglo Veintiuno, 1991.

CALDAS, Alberto. *Nas águas do texto*: palavra, experiência e leitura em história oral. Porto Velho: EDUFRO, 2001.

_____. *Oralidade, texto e história*: para ler a história oral. São Paulo: Loyola, 1999.

_____. "Transcriação em história oral". NEHO História. nº 1, São Paulo: USP, nov/1999.

CAMPOS, Haroldo. A operação do texto. São Paulo, Perspectiva, 1976.

_____. *Metalinguagem*. São Paulo: Cultrix, 1976.

CASTRO, Mauricio de Barros. *Na roda do mundo*: mestre João Grande entre a Bahia e Nova York. São Paulo, 2007. Tese (Doutorado em História Social) – Universidade de São Paulo.

CHAUVEAU, Agnès. *Questões para a história do presente*. Bauru: Edusc, 1999.

CLIFFORD, James; MARCUS, G. (ed.) *Writting Culture*: the Poetics and Politics of Ethnography. Los Angeles: Univ. of California Press, 1986.

CUTTLER, Willian. Accuracy in oral history interviewing. In: DUNAWAY, D.; BAUM, W (ed.). *Oral History*: an Interdisciplinary Anthology. American Ass. for State, 1984.

D'ARAUJO, Maria; SOARES, Glaucio; CASTRO, Celso (orgs.). *Visões do golpe*. Rio de Janeiro: Relumi-Damará, 1994.

DIEHL, A. A. *Cultura historiográfica*: Memória, identidade e representação. Bauru: Edusc, 2002.

DIGIAMPIETRI, Maria Carolina Casati. Uma proposta não prosaica de apresentação de narrativas orais. Oralidades. *Revista de história oral*. São Paulo, n.6, Jul.-Dez. 2009.

DUNAWAY, David K.; BAUM, Willa K. (orgs.). *Oral history. An interdiciplinary anthology*. Nashvile: American Association for State and Local History/ Oral History Association, 1984.

ENDERS, A. *Les Lieux de Mémoire, dez anos depois*. Disponível em <http://www.cpdoc.fgv.br/revista/arq/119.pdf>. Acessado em 11 de jan. 2007.

EVANGELISTA, Marcela Boni. "A transcriação em história oral e a insuficiência da entrevista. Oralidades. *Revista de história oral*. São Paulo, n. 7, Jan.-Jun. 2010.

FELIX, Isabel Regina. *Os sapateiros na cidade de São Paulo*: trabalho e militância. Dissertação (Mestrado em História Social) - Universidade de São Paulo, 2001.

FERREIRA, Marieta de Moraes; AMADO, Janaína. (orgs.). *Usos e abusos da história oral*. Rio de Janeiro: Ed. FGV, 1996.

_____ (org.). *Entrevistas*: abordagens e usos da história oral. Rio de Janeiro: Ed. FGV, 1994.

_____ (org.). *História oral e multidisciplinariedade*. Rio de Janeiro: Diadorin, 1994.

_____. Desafios e dilemas da história oral nos anos 90: o caso do Brasil. *Revista de história oral*, n. 1, 1988.

FLORES, W. V.; BENMAYOR, R. (orgs.) *Latino cultural citizenship*. Boston: Beacon Press, 1997.

FRASER, Nancy. *Rethinking the public sphere*: a contribution to the critique of actually existing democracy. s/d, pp. 58 - 80.

Freitas, Sônia Maria de. *História oral*: possibilidades e procedimentos. São Paulo: Humanitas e Imprensa Oficial, 2002.

_____. *E chegaram os imigrantes*: café e imigração em São Paulo. São Paulo: edição do autor, 1999.

Friedlander, Peter. Theory, method and oral history. In: Dunaway, D.; Baum, W (ed.). *Oral History*: an Interdisciplinary Anthology. American Ass. for State, 1984.

Gattaz, André Castanheira. *Braços da resistência*: uma história da imigração espanhola. São Paulo: Xamã, 1996.

Grele, Ronald J. La Historia y sus Lenguajes en la Entrevista de Historia Oral, Quién Contesta a las Preguntas de Quién y Por Que?. *Historia y Fuente Oral*, n. 5, 1991, pp. 111-29.

Gros, F. (org.). *Foucault*: a coragem da verdade. São Paulo: Parábola, 2004.

Hall, Stuart. *A identidade cultural na pós-modernidade*. Rio de Janeiro: DP&A, 2005.

Halbwachs, Maurice. *A memória coletiva*. São Paulo: Vértice, 1990.

Heifetz, J. *Oral history and Holocaust*. Oxford: Pergamon Press, 1984.

História oral, vários números, Revista da associação Brasileira de história oral.

Holanda, Fabíola. epm/unifesp: História e Trajetória Afetiva. *Recortes da memória*: lembranças, compromissos e explicações sobre a epm/Unifesp na perspectiva da História oral. 1 ed.São Paulo : Ed. Unifesp, 2009, v.1, pp. 79-94.

_____. *Construção de narrativas em história oral*: em busca de narradores plenos. Oralidades (usp). , v.1, pp.15-32, 2009.

_____. *Experiência e memória*: a palavra contada e a palavra cantada de um nordestino na Amazônia. São Paulo, 2006. Tese (Doutorado em História Social) – Universidade de São Paulo.

_____. A doença do Abandono e da Perda: História oral com Moradores da Comunidade Santa Marcelina. *Mandrágora*, São Bernardo do Campo , v.1, pp. 84-92, 2006.

_____; Menezes, Niza. Jorge Teixeira: Uma contribuição Documental. Porto Velho: edu-fro- Editora da Universidade Federal de Rondônia, 2006.

_____. Memória construída: comunidade de destino, Colônia e Rede. *Primeira Versão* (ufro). , v.1, 2002.

Joutard, Philipe. *Esas voces que nos llegan del pasado*. Mexico: Fondo de Cultura Economica. 1986.

Kotre, John. *Luvas Brancas*. São Paulo: Mandarin, 1997.

Magalhães, Valéria Barbosa de. *Brasileiros no Sul da Flórida*: subjetividade, identidade e memória. São Paulo, 2006. Tese (Doutorado em História Social) - Universidade de São Paulo.

_____. Duas diferentes experiências em História oral: os casos do neho e do ceru. In: Ataíde, Yara (org.). *Do oral ao escrito*: 500 anos de história do Brasil. Salvador: uneb, 2000.

Meihy, José Carlos Sebe Bom. História de vida de um travesti. *Oralidades*, usp, v. 7, pp. 185-204, 2010.

_____; Holanda, Fabíola. *História oral*: como fazer, como pensar. São Paulo: Contexto, 2007.

_____. Dez preconceitos contra história oral. *Oralidades*, usp, v. 1, pp. 1-15, 2007.

_____. *Augusto & Lea*: uma história de (des)amor em tempos modernos. São Paulo: Contexto, 2006.

_____. Os novos rumos da história oral. *Revista de História*, usp, v. 155, pp. 1-20, 2006.

_____. *Brasil fora de si*: experiências de brasileiros em Nova York. São Paulo: Parábola, 2004.

_____. *Manual de história oral*. 5. ed. São Paulo: Loyola, 2004.

_____. La radicalización de la historia oral. *Palabras e silencios. Revista de la Asociación Internacional de Historia Oral*. Nueva Época, v. 2, n. 1, junio 2003, pp. 33-45.

_____. Desafios da história oral latino-americana: o caso do Brasil. In: Ferreira, M.; Fernandes, T.; Alberti, V. *História oral, desafios para o século xxi*. Rio de Janeiro: fgv/cpdoc, 2000.

156 Guia prático de história oral

_____ (org.). (Re)Introduzindo história oral no Brasil. São Paulo: Xamã, 1996.

_____; LEVINE, R. M. Cinderela Negra: a saga de Carolina Maria de Jesus. Rio de Janeiro: UFRJ, 1994.

_____. Canto de morte Kaiowá: história oral de vida. São Paulo: Loyola, 1991.

_____. A Colônia Brasilianista: história oral de vida acadêmica. São Paulo: Nova Estela, 1990.

MONTENEGRO, Antônio. História oral e memória: a cultura popular revisitada. São Paulo: Contexto, 1992.

MORI, Nerli Nonato Ribeiro. Memória e identidade: travessia de velhos professores. Maringá: EDUEM, 1998.

NADER, Ana Beatriz. Os autênticos do MDB. História oral de vida política. Petrópolis: Paz e Terra, 1998.

NEVES, Eloiza Maria Neves. História de vida de mulheres negras no carnaval paulistano. São Paulo, 1998. Dissertação (Mestrado em História Social) – Universidade de São Paulo.

OLIVEIRA, Cássia Milena Nunes. MST: a juventude como caminho. São Paulo, 2010. Dissertação (Mestrado em História Social) – Universidade de São Paulo.

OSMAN, Samira Adel. Entre o Líbano e o Brasil: dinâmica migratória e história oral de vida. Tese (Doutorado em História Social) – Universidade de São Paulo, 2007.

_____. Caminhos da imigração árabe em São Paulo: história oral de vida familiar. São Paulo, 1998. Dissertação (Mestrado em História Social) – Universidade de São Paulo.

PASSERINI, Luiza. Facism in Popular Memory. Cambridge/Paris: Maison des Sciences de L'Homme/Cambridge Univ. Press, 1987.

PATAI, Daphne. Brazilian Women Speak: Contemporary Life History. New Brunswick and London: Rutgers Univ. Press, 1988.

_____; GLUCK, S. B. Women's Words. The Feminist Practice of Oral History. New York/ London: Routledge, 1991.

PEREIRA, Lígia. Algumas reflexões sobre histórias de vida, biografias e autobiografias. Revista de história oral, n. 3, jun. 2000.

PLÁ BRUGAT, Dolores. Los Niños de Morelia. Mexico: Instituto Nacional de Antropologia y História, 1985.

POLLAK, Michael. Memória, esquecimento e silêncio. Estudos Históricos, Rio de Janeiro, v. 2, n. 3, 1989.

_____. Memória e identidade social. Estudos Históricos, Rio de Janeiro, v. 5, ano 10, 1992, pp. 200-212.

PORTELLI, Alessandro. The Order Has Been Carried out: History, Memory, and Meaning of a Nazi Massacre in Rome. New York: Palgrave Macmillan, 2003.

_____. Tentando aprender um pouquinho: algumas reflexões sobre a ética em história oral. revista Projeto História, São Paulo: n 15, abr. 1997.

_____. O que faz a história oral diferente. Revista Projeto História, São Paulo, n. 14, fev. 1997.

_____. Sonhos ucrônicos: memórias e possíveis mundos dos trabalhadores. Revista Projeto História, São Paulo, n. 10, dez. 1993.

_____. The death of Luigi Trastulli and other stories: form and meaning in oral history. Albany: N.Y., SUNY Press, 1991.

QUEIROZ, Maria Isaura P. Variações das técnicas de gravador no registro da informação viva. São Paulo: T. A. Queirós, 1991.

_____. Do dizível ao indizível. In: von Simson, Olga (org.). Experimentos com histórias de vida. São Paulo: Vértice, 1988.

RIBEIRO, Suzana Lopes Salgado; SANTOS, Andrea Paula dos. Memórias de uma comunidade científica no cenário de Simão Mathias: histórias e trajetórias de cientistas da Química no Brasil. In: AFONSO-GOLDFARB, Ana Maria; FERRAZ, Márcia H. M.; BELTRAN, Maria Helena Roxo; SANTOS, Andrea Paula dos (org.). *Simão Mathias* – cem anos: Química e História da Química no início do século XXI. São Paulo: SBQ, PUC-SP, 2010, p.p 127-259.

_____. *Contando História*: o Departamento de Contabilidade e Atuária – FEA/USP entre números e palavras. São Paulo: D'Escrever, 2009.

_____. Ser médico da EPM: em busca de uma identidade. In: GALLIAN, Dante Marcello Claramonte. (org.). *Recortes da Memória: lembranças, compromissos e explicações sobre a* EPM/ *Unifesp na perspectiva da história oral*. São Paulo: Ed. Unifesp, 2009, pp. 151-171.

_____. Extraordinário cotidiano feminino: idas e vindas de uma vida. In: RIBEIRO, S. L. S. et al (org.). *Narrativas e experiências*: histórias orais de mulheres brasileiras. São Paulo: D1Escrever, 2009, pp. 125-145.

_____. *Tramas e traumas*: identidades em marcha. São Paulo: DH/FFLCH/USP, 2008.

_____. História oral na Escola: instrumentos para o ensino de história. *Oralidades*, São Paulo, n. 4 – jun./dez. 2008, pp. 99-109.

_____; IOKOI, Zilda; ANDRADE, Marcia; REZENDE, Simone. *Vozes da terra*: histórias de vida dos assentados rurais de São Paulo. São Paulo: Fundação Itesp/ Imprensa Oficial, 2005.

_____. *Processos de mudança no MST*: história de uma família cooperada. São Paulo, 2002. Dissertação (Mestrado) – DH/FFLCH.

_____. O inesperado em história oral. In: ATAÍDE, Yara (org.). *Do oral ao escrito*: 500 anos de história do Brasil. Salvador: Uneb, 2000.

_____; MEIHY, J. C. S. B.; SANTOS, A. P. dos. *Vozes da marcha pela terra*. São Paulo: Loyola, 1998.

SALUM, Alfredo Oscar. *Palestra Itália e Corinthians*: quinta coluna ou tudo *buona* gente? São Paulo, 2008. Tese (Doutorado em História Social) – Universidade de São Paulo.

SANTHIAGO, Ricardo. *Entre a harmonia e a dissonância*: História oral de vida de cantoras negras Basileiras. São Paulo, 2009. Dissertação (Mestrado em História Social) – Universidade de São Paulo.

SANTOS, Andrea Paula dos. *Ponto de vida, cidadania de mulheres faveladas*. São Paulo: Loyola, 1996.

_____. *À Esquerda das Forças Armadas Brasileiras*: histórias de vida de militares de esquerda. São Paulo: DH-FFLCH-USP, 1998.

_____. *Reforma agrária entre a polarização a negociação e o conflito*: resistência e participação do MST nos governos do PT do MS e do RS (1999-2002). São Paulo, 2003. Tese (Doutorado).– DH/FFLCH/USP.

SARLO, Beatriz. *Cenas da vida pós-moderna*: intelectuais, arte e vídeo-cultura na Argentina. Rio de Janeiro: Ed. UFRJ, 1997.

_____. *Tempo passado*: cultura da memória e guinada subjetiva. São Paulo: Companhia das Letras/Belo Horizonte: Ed. UFMG, 2007.

SOUZA, Natanael Francisco de. *Raízes do pentecostalismo no Brasil*: a canção da mudança. São Paulo, 2008. Dissertação (Mestrado em História Social) – Universidade de São Paulo.

STARECHSKI, A.; Albarelli, G. *The telling lives oral history curriculum guide*. New York: Columbia University, 2005.

THOMSON, Alistair. Aos 50 anos: uma perspectiva internacional da história oral. In: FERREIRA, M.; FERNANDES, T.; ALBERTI, V. *História oral, desafios para o século XXI*. Rio de Janeiro: FGV/CPDOC, 2000.

THOMPSON, Paul. *A voz do passado*. São Paulo: Paz e Terra, 1992.

158 Guia prático de história oral

TREBISTCH, M. A função epistemológica e ideológica da história oral no discurso da história contemporânea. In: MORAES, M. (org.) *História oral*. Rio de Janeiro: Diadorin, 1994.

TUCHMAN, Barbara. Distinguishing the significant from the insignificant. In: DUNAWAY, D.; BAUM, W. (ed.). *Oral History*: an interdisciplinary anthology. American Ass. for State, 1984.

VANSINA, J. *Oral Tradition as History*. Madison: University of Wisconsin Press, 1985.

VIEIRA, Maria Eta. *A caballo entre dos mundos*: guerra civil espanhola e o "exílio" infantil. São Paulo, 2001. Dissertação (Mestrado em História Social) – Universidade de São Paulo.

VIEZZER, Moema. *"Se me deixam falar..."* *Domitila*: depoimento de uma mineira boliviana. 14. ed. São Paulo: Global, 1990.

VILANOVA, Mercedez. *Las Mayorias Invisibles. Explotación fabril, Revolución y represión*. Barcelona: Icaria/Antrazyt, 1997.

_____. La historia sin adjetivos com fuentes orales y la historia del presente. *História oral*, n. 1, Associação Brasileira de história oral, 1998, pp.31-42.

VON SIMSON, Olga (org.). *Experimentos com histórias de vida*. São Paulo: Vértice, 1978.

WEBER, Devra. *Dark sweat, white gold - California farm workers, cotton, and the New Deal*. Berkeley: University of California Press, 1994.

WOLDENBERG, José. *Las ausecias presentes*. Mexico: Caly Arena, 1992.

WOOD, L. *Oral history projects in your classroom*. EUA, Oral History Association, 2001.

YOW, Valerie Raleigh. *Recording Oral History*: a guide for the humanities and social sciences. Walnut Creek, CA: AltaMira Press, 2005.

ZELDIN, Theodore. *Uma história íntima da humanidade*. Rio de Janeiro/São Paulo: Record, 1996.

Modelos de projetos

I. Projeto de história oral na academia estudando uma comunidade

Jeitos de lutar, jeitos de ser: Processos de construção de identidade(s) Sem Terra.

Suzana L. Salgado Ribeiro

INTRODUÇÃO

Este projeto é resultante de uma série de trabalhos que vêm sendo desenvolvidos, por mim, junto ao MST – Movimento dos Trabalhadores Rurais Sem Terra. O primeiro deles teve início em 1997, pouco antes de me formar, quando surgiu a possibilidade de realizar um estudo sobre a Marcha Nacional por Reforma Agrária Emprego e Justiça, organizada pelo Movimento. Este trabalho resultou, um ano depois, na publicação do livro *Vozes da marcha pela terra* (Ribeiro, Meihy, Santos, 1998). Esse livro reuniu as narrativas de 16 pessoas, membros do Movimento, que se encontravam em diferentes estágios da luta pela terra, vindas dos estados brasileiros representados no acampamento nacional, em Brasília.

Marchando em direção ao campo e acompanhada pela história oral, fiz uma pesquisa de mestrado sobre uma família no assentamento

"Pirituba II", sudoeste do estado de São Paulo, que resultou na dissertação intitulada "Processos de mudança no MST: história de uma família cooperada" – pesquisa desenvolvida com bolsa Capes, Coordenação de Aperfeiçoamento de Pessoal de Nível Superior. Nesse trabalho pude perceber a riqueza e a potencialidade do uso da história oral, principalmente no que se refere à possibilidade de ter acesso ao que há de íntimo em uma comunidade e subjetivo no sujeito histórico.

Com a dissertação defendida em 2002, retornei à comunidade que a gerou e entreguei o segundo resultado de meu trabalho, pois o primeiro, um CD de músicas gravadas com cantadores locais (projeto desenvolvido em conjunto com Rodrigo Garcez e Andréa Paula dos Santos que resultou na elaboração do CD *Movimento no ar*), já tinha sido recebido por eles em 2001. Pouco depois, em 2003, fui procurada pelo MST para que realizasse uma pesquisa, em parceria com o Unicef – Fundo das Nações Unidas para a Infância, sobre alternativas para a escolarização de adolescentes do campo (resultados da pesquisa publicados em: Cadernos do Iterra, 2003). Esse trabalho se desdobrou em outro projeto a ser desenvolvido no ano de 2004, do qual sou uma das três coordenadoras nacionais. Com término previsto para dezembro deste ano. O segundo projeto visa à elaboração de políticas públicas de educação para o campo, mobilização e inclusão de cinco mil adolescentes nas escolas públicas de 11 estados brasileiros.

Tendo percorrido esse caminho, podendo trabalhar de perto com o Movimento pude perceber que a questão da identidade sempre servia como reforço para um discurso de luta e ao mesmo tempo era transformada pelas estratégias empregadas pelos novos sujeitos resultantes desse processo. Assim tenho consciência de que é complicado fazer afirmações definitivas sobre o MST, pois é um movimento em constante (re)estruturação. Mais ainda se considerar as transições que estão sendo enfrentadas, como, por exemplo, da condição do lavrador quanto à posse da terra, dos padrões de relações familiares e da forma de trabalho e produção no lote (Ribeiro, 2002), dentre outras.

As afirmações presentes neste projeto são, portanto, resultantes de oito anos observando e acompanhando os passos desse que é o maior movimento social do Brasil,[1] na atualidade. As ideias aqui expostas se caracterizam pelo movimento de uma história que ainda está sendo escrita.

JUSTIFICATIVA

A presente pesquisa estará priorizando a trajetória dos Sem Terra e por isso ganha sentido no ano em que o Movimento que os une completa 20 anos de existência. No conjunto das comemorações muito se falou sobre ser Sem Terra e todo esse debate que acompanhei foi extremamente enriquecedor e encorajador para o início do desenvolvimento dessa pesquisa.

É difícil estipular balizas de início e final da pesquisa à medida que se propõe ver o processo, mas, grosso modo, pode-se ter como marco inicial o que o próprio MST considera como sua fundação como um movimento nacional, ou seja, os quatro dias do encontro que reuniu lideranças da luta pela terra de todo o país, no seminário diocesano de Cascavel, no Paraná, em 1984. E como marco final, o balanço promovido pela celebração dos 20 anos de existência do Movimento.

Nesse sentido, esse trabalho se caracteriza como uma pesquisa de história do tempo presente, que mais do que qualquer outra, é por natureza uma história inacabada: uma história em constante movimento refletindo as comoções que se desenrolam diante de nós e sendo, portanto, objeto de uma renovação sem-fim (Bedarida, 1996: 229). Estando longe do remate dessa história, me proponho perceber o MST em processo lembrando a dinâmica natural das mudanças internas do grupo. Isso remete à importância de se olhar para seus processos de identificação, que compõe a comunidade Sem Terra. Ou seja, atentar para como está sendo construída diariamente uma identidade dentro do Movimento dos Trabalhadores Rurais Sem Terra, nos vários estados em que está organizado.

---

[1] Todos os dados sobre o MST são aproximados, pois como seu próprio nome diz as pessoas que dele participam estão em movimento, acampamentos são formados todos os dias, e na demora da espera por terra muitos desistem de esperar. De qualquer forma pode-se estimar que no Brasil todo são aproximadamente 350 mil famílias de assentados e mais alguns milhares de pessoas acampados por todo o país.

Pretende-se uma pesquisa de história política, mas não em moldes tradicionais, e sim feita e pensada por quem impulsiona a ação do Estado. Como a atuação do MST é nacional o que se pretende é um registro da identidade pensada na ação concretizada em todo o país. No entanto, não se pode esquecer que a prática do Movimento acontece em âmbito regional e esse projeto não pretende anular o diálogo estabelecido entre nacional e regional. Pelo contrário, uma de suas riquezas será justamente analisar os embates e as respostas encontradas nesse movimento para formação de sua(s) identidade(s).

Para isso, registrarei as narrativas de indivíduos bem diferentes dentro do MST. Entrevistarei lideranças nacionais e regionais, assentados e acampados. Ninguém terá papel secundário nessa história, sendo assim uma história "vista de baixo" (Thompson, 1966, 279). O que se aspira é compreender a construção da(s) identidade(s) do Movimento à luz de suas experiências e de relações e reações geradas por essas experiências.

Sendo assim, é de fundamental importância que as fontes para este estudo sejam produzidas por e com os sujeitos dessa história. A história oral ganha relevância no desenvolvimento desse projeto de pesquisa. Evidentemente, com isso, estou firmando minha opção por uma história subjetiva, que não busca uma verdade, e que dialoga com a ideia de que "nossas mentes não refletem diretamente a realidade. Só percebemos o mundo através de convenções, esquemas e estereótipos, um entrelaçamento que varia de uma cultura para outra" (Burke, 1992, 15).

A opção pela história oral, portanto, é mais que um impulso de modismo, posto que ela tem feito muitos adeptos, principalmente no Brasil. É uma opção metodológica que implica rigor no trato das narrativas e valorização do conhecimento do sujeito e do saber que com ele pode ser construído. Seu uso tem se propagado e com isso vem surgindo diferentes formas de trabalho, com o que se chama de "fonte oral". Quero marcar que nesse *boom* da história oral surgiram diferentes linhas de trabalhos e que a escolhida para o desenvolvimento deste projeto é a fundada por Meihy e desenvolvida pelo Núcleo de Estudos em História Oral – USP e pelo Centro de Hermenêutica do Presente – UFRO. Fazer essa definição significa respeitar critérios éticos e metodológicos que nortearão o desenvolvimento deste trabalho. Critérios como a existência de uma relação sujeito-sujeito, em contraposição a sujeito-objeto, que passa a exigir do pesquisador um posicionamento diferente frente a seus "documentos". A experiência do indivíduo passa a ser valorizada. Não por serem essas pessoas portas para o passado, ou por acreditar que poderei resgatá-lo por meio das narrativas registradas, mas por poder ver os processos de negociação que acontecem para que se conte uma versão do passado, e se repense uma vida a partir das inquietações e tensões do presente.

As entrevistas não serão lidas como documentos de um passado, mas narrativa de um presente que estabelece relações e relê o passado pelo filtro do que se quer resolver e entender do presente. Essa possibilidade interpretativa de poder deixar fruir a fala do outro, estabelecer redes de ligação, poderá ser rica para perceber com o que as pessoas se identificam e o que escolhem contar. Esse modo de pensar hermenêutico vai ser a base para que esse projeto possa pensar a seleção e ordenamento de passagens do passado para a montagem de uma ou mais identidades Sem Terra no presente.

Com os registros das narrativas terei acesso às escolhas feitas, aos conflitos, ou divergências que aconteceram em nível particular, mas acabam por ser refletir na identidade de seu grupo.

> Em história oral, o "grupal", "social" ou coletivo não corresponde à soma dos particulares. A observância em relação à pessoa em sua unidade é condição básica para se formular o respeito à experiência individual que justifica o trabalho com o depoimento. Nesse sentido, a história oral é sempre social. Social, sobretudo, porque o indivíduo só se explica na vida comunitária. Daí a necessidade de definição dos ajustes identitários culturais (Meihy, 2004, 68).

Nesse momento é importante também justificar o uso de algumas das palavras que irão se repetir no texto deste projeto. Primeiramente diferenciar o uso de sem terra, sem-terra e Sem Terra. A primeira expressão, grafada com iniciais minúsculas, diz respeito a uma condição de trabalhador, é como se dissesse que este está sem (a) terra. Sem-terra, com hífen, ora no singular, ora no plural é a designação de um grupo social, que projeta uma identidade comum, não necessariamente vinculada a nenhum movimento social específico. Por fim, Sem Terra, com iniciais maiúsculas, sempre no singular refere-se à formação da identidade do grupo que será estudado por esta pesquisa, ou seja, membros do Movimento dos Trabalhadores Rurais Sem Terra.

> O MST nunca utilizou em seu nome nem o hífen, nem o s, o que historicamente acabou produzindo um nome próprio, Sem Terra, que é também sinal de uma identidade construída com autonomia. O uso social do nome já alterou a norma referente à flexão de número, sendo hoje já consagrada a expressão *são os sem-terra.* Quanto ao hífen, fica como um distintivo da relação entre esta identidade coletiva de trabalhadores e trabalhadoras da terra e o Movimento que a transformou em nome próprio, e a projeta para além de si mesma (Caldart, 2000, 17).

Uma outra explicação necessária é o uso de Movimento, com maiúscula, para designar o MST. Essa palavra, mais que uma substituição, será usada, pois contém uma ideia que para esse projeto é muito cara, a de movimento, mudança em continuidade, que permeia toda a hipótese de processo contínuo de identificação.

Depois de explicado porque a opção pela história oral, ingressa-se em uma segunda justificativa necessária: por que estudar identidade?

O Projeto é intitulado "Jeitos de lutar, jeitos de ser", pois representa o sentido do processo de identificação que está sendo observado. Jeitos de lutar faz alusão às diversas estratégias e ações, que vêm sendo lembradas em vários registros de narrativas que já realizei. Jeitos de ser dizem respeito a formas de pensar resultantes do agir, portanto, referem-se ao que penso ser formas de união dessa comunidade e até mesmo suas identidades.

Mas a escolha deste tema de estudo foi impulsionada por vários fatores, dentre eles o fato de estar ocorrendo um alargamento do conceito de ser Sem Terra dentro do próprio MST. Isto foi necessário para a continuidade da luta pela Reforma Agrária. O processo de identificação extrapola a própria condição de não possuir terras, abrigando sob o mesmo emblema pessoas de origens muito diversas. Sendo assim pude visualizar três grupos.

Sem-terras, trabalhadores rurais como boias-frias, arrendatários e meeiros. Pessoas que, expulsas do campo no passado, ingressam no Movimento querendo conquistar um pedaço de chão, ou ainda moradores da cidade que veem na luta pela terra uma possibilidade de vida melhor. Como Seu João:

> Quando for para irmos para terra, estou de acordo, porque embora sendo um profissional da construção civil, não vejo a hora de ir para lavoura, enfrentar mesmo... Porque sei que é vantagem mesmo! A gente consegue ter uma alimentação mais natural e bem abaixo do custo, né? Na cidade é o seguinte: a gente não sabe de onde veio a alimentação, como ela está, e aí, muitas vezes, tem até que comer alguma comida estragada, como já aconteceu... Então, sei que é vantagem trabalhar na terra e produzir!...[2]

Assentados, que não são mais sem-terra, mas entendem que a força do MST depende de sua participação, e, por isso, continuam a lutar para que outros conquistem um lote. É comum ouvir de alguns assentados que "enquanto houver um sem-terra no Brasil, estarei lutando". Como no caso de seu Levino que estava ajudando na luta do acampamento Tanarana, no Paraná:[3]

> Nós tamo apenas dando apoio. Nós já é assentado. Porque essa luta é uma corrente. Ela não pode parar. Nós pegamo terra por intermédio de alguém. Esse alguém, que ajudou nós, já tem terra. Nós precisa ajudar esses que não tem. E esses que não têm, pegando a terra, têm que ajudar alguém que não tem. Nunca vai terminar a luta. É mais ou menos por aí. Então é uma corrente. Não vai ter fim, enquanto existir terra para fazer Reforma Agrária, nós tá na luta!

E há ainda aqueles a quem o MST chama de amigos. Pessoas que veem na atuação do Movimento uma possibilidade de justiça social, e,

---

[2] Entrevista com João, no livro *Vozes da marcha pela terra* (Ribeiro, Meihy e Santos, 1998).
[3] Entrevista presente no filme *Raiz forte* dirigido por Aline Sasahara e Maria Luísa Mendonça.

166 Guia prático de história oral

portanto, lutam ao lado de outros pela terra, mas não em benefício próprio. Para esses, o vínculo com o MST se dá por meio de uma comunhão ideológica, nesse caso a identidade se constrói não pela necessidade de sobrevivência, mas na busca de um mundo mais justo.

O Movimento, como apresentado, é composto por uma grande diversidade de pessoas, e todas, independentemente de suas histórias prévias, ou objetivos imediatos, são Sem Terra, pois assim se sentem. Ser Sem Terra é mais do que não ter o próprio chão. É ter e lutar pela conquista da terra ou por um ideal comum da conquista da cidadania e da Reforma Agrária.

Historicamente, a memória de um passado de lutas e a vontade de conquistar a terra, recontada em cada narrativa foi o solo de onde cresceu o Movimento e brotou sua(s) identidade(s). Hoje, entretanto, vejo que há uma maior abrangência desse processo. O MST passa a atuar nos campos da educação, da cultura, da produção, pensando um jeito de viver do campo em equilíbrio com o meio ambiente (Brandford e Rocha, 2004). Suas preocupações no presente vão "além da terra" (Meneses Neto, 2005).

No caso desta pesquisa, a identidade está estreitamente ligada à memória, que faz relação ao tempo referido na narrativa. O tempo do vivido presentificado. As narrativas muitas vezes repetem experiências semelhantes à expulsão[4] do campo, a busca por um lugar na cidade, o que possibilita uma identidade de união para essa comunidade. Sob o ponto de vista teórico defende-se que os conceitos de memória, narrativa e identidade são interdependentes. Não se pode pensar a identidade de um grupo sem refletir sobre sua história. Dessa forma, memória e identidade serão tratadas em conjunto.

OBJETIVO

O objetivo deste trabalho será analisar as narrativas dos Sem Terra para entender como e com que importância o MST aparece nelas. A intenção é compreender se o Movimento realmente se caracteriza como um

---

[4] Uso a palavra expulsão, pois não acredito que nessa migração campo-cidade como um processo voluntário, e sim fruto da política de desenvolvimento violenta, elitista e por vezes omissa que os governos assumem com relação ao campo brasileiro.

elemento de reestruturação de uma identidade, para seus componentes. Isso ganha força na medida em que acredito que cada pessoa é formada por muitas identidades, pois cada indivíduo guarda em si sua etnia, seu gênero, sua geração, sua classe social, sua religião, sua cultura etc. Para fazer parte de um ou outro grupo essa pessoa estabelece um diálogo que implica escolhas e consequentemente renúncias, o que gera mudanças no seu modo de se ver.

> A "multiplicidade de identidades" implica negociações permanentes, requalificação dos pressupostos originais e reafirmação diuturna dos polos identitários, exigindo escolhas, sempre com opções criteriosas (Meihy, 2005, 74).

Com isso em mente, esta pesquisa pretende investigar sobre a vida dentro do Movimento dos Sem Terra e ver como as pessoas percebem, vivenciam ou sentem seu pertencimento.

De forma complementar, desejo realizar um estudo que permita reunir dados de diferentes fontes produzidos pelo MST e, assim, compreender melhor o processo de formação das ou da(s) identidade(s) Sem Terra.

Hipótese de trabalho

A hipótese proposta por esse projeto é que a(s) identidade(s) do Movimento Sem Terra são uma criação coletiva, que usa elementos da memória da luta pela terra, da exclusão social, da busca de justiça e cidadania, como elos para a união de diversos trabalhadores em torno de uma mesma bandeira. Ela se constrói sobre a base da experiência vivida por seus integrantes. Mas, não só. Constrói-se também pelo reviver ou recriar proporcionado pela narrativa de alguns de seus membros. Daí a importância de se estudar a questão da memória, por meio do registro das narrativas para se entender a(s) identidade(s) Sem Terra.

Essa identidade deve ser vista como multifacetada – pela diversidade regional, cultural, étnica e social presente no Brasil. Nesse sentido, para se entender a ideia de identidade trabalhada por esse projeto, pode-se transpor as reflexões de Benedict Anderson tecidas como uma possível definição para o conceito de nação: "it is an imagined political community." (Anderson, 1991) Imaginada, pois seus membros não se conhecem, mas existe em suas mentes a imagem de sua comunhão. Comunidade, porque se baseia na relação de camaradagem entre sujeitos de uma mesma classe social.

Ou seja, a principal hipótese que se propõe é que a identidade Sem Terra é algo que marcha e se movimenta. É certo que nem tudo o que se tem hoje foi resultado de negociação. Por vezes, definiu-se um modo de ser, que não respeitou a diversidade. E por isso, vê-se surgir processos de resistência e mudança dentro do próprio Movimento. O MST está sendo obrigado a repensar algumas de suas ideias, à luz do cotidiano de assentados e acampados.

> Embora o sem-terra possa dizer que só quer um lote, esse pedaço de chão tem sido sempre um símbolo de seus anseios por uma vida diferente, na qual ele e os filhos possam ter melhores oportunidades de se realizarem e de serem aceitos como cidadãos. Terra para eles é a terra prometida e para conquistá-la, os sem-terra têm se disposto a enfrentar a fome, a repressão e a perseguição. Desde a fundação do Movimento, o desejo dos camponeses de conquistar a terra e a inclusão na sociedade coexistiu, às vezes não sem conflito, com os objetivos de muitos dos líderes, que querem transformar o MST num movimento revolucionário de acordo com a tradição leninista. Não nos parece correto acusar os líderes de estar manipulando cinicamente famílias camponesas ignorantes, visando a seus próprios fins políticos, como diversos intelectuais de direita já apontaram. O que está ocorrendo é mais complexo do que isso: muitos líderes acreditam que os sem-terra só conquistarão a terra almejada, nas condições desejadas, se o Movimento conseguir de fato redistribuir poder político no Brasil. E, segundo eles, isso requer algum tipo de revolução (Branford e Rocha, 2004, 323-4).

Assim, propõe-se estudar os processos de identificação e de mudanças que estão ocorrendo dentro do MST. Proporcionando um outro ponto de vista da formação e da transformação de uma prática, em que se cria a(s) identidade(s) do Movimento em movimento.

Tendo colocado o objetivo principal, pretende-se também avançar na discussão sobre formas de uso da história oral e entender como isso se dá na prática, na negociação entre memória de luta e contínua construção de uma identidade Sem Terra. Dessa ideia surgem objetivos complementares, ou melhor, questões que a pesquisa quer responder.

- Será que a identidade cultivada pelo Movimento é compartilhada por suas lideranças e base?
- Todos se sentem Sem Terra, da mesma forma?
- Quais as variações de significados que essa identidade admite?
- Como ela se relaciona com outras identidades, de gênero, idade, região de origem?
- Até que ponto pode-se considerar a terra como elemento identitário central? Se não é ela, qual seria esse elemento?

METODOLOGIA

A pesquisa irá se desenvolver com base em entrevistas com pessoas de diferentes vínculos com o movimento, como os três relacionados na justificativa. As pessoas serão selecionadas a partir dos critérios de *comunidade de destino*, *colônia* e *rede*.

Entende-se por *comunidade de destino* o acervo de experiências, que motivaram as razões do envolvimento e permanência no MST, podendo ser compreendida como todos os que de alguma forma se preocupam com a questão da Reforma Agrária. A *colônia*, de onde pode emergir os entrevistados, é formada pelas pessoas que participam do Movimento.

As *redes* de entrevistados, grupos de pessoas formados por indicação dos colaboradores, serão estabelecidas no decorrer do trabalho. No entanto, vejo a possibilidade de se definirem a partir de três situações: os que permanecem sem-terra, os que são assentados e as pessoas ligadas ao Movimento (que não lutam por terra para si). Princípio que não elimina

170 Guia prático de história oral

a possibilidade de existência de sub-redes que tragam à tona outros fatores importantes para a construção da identidade do Movimento.

Após o contato com as pessoas a serem entrevistadas iniciar-se-á um processo de colaboração que passará pelas etapas de gravação das entrevistas, transposição do código oral para o escrito, conferência e análise. Esse processo recebeu a denominação de processo transcriativo, por Caldas (2001, 36), que conciliou os conceitos de transcriação e colaboração elaborados e operacionalizados nos trabalhos de Meihy.

Portanto, estarei atenta também aos procedimentos éticos e metodológicos que envolverão os trabalhos relacionados à transposição do código oral para o escrito. Não ignorando que para isso será necessário realizar um estudo teórico do que se considera serem pilares da história oral, os conceitos: de memória, narrativa e identidade (Meihy, 2003).

O par memória e narrativa se explica na medida que só se pode ter acesso às lembranças de uma pessoa por meio de sua narrativa, e, que paralelamente, só é possível narrar algo que se tem guardado na memória (seja isso vivido ou contado). De forma complementar, a identidade passa a ser criada a partir da memória narrada.

> O que está em jogo especialmente aí? O trabalho de transformar lembranças, episódios, períodos da vida (infância, adolescência etc.), experiências, enfim, em linguagem. Em situações desse tipo (como inúmeras outras) a linguagem não "traduz" conhecimentos e ideias preexistentes. Ao contrário: conhecimentos e ideias tornam-se realidade à medida que, e porque se construiu (no sentido de produzir) racionalidades (Alberti, apud Lima, 2004, 79).

O projeto propõe entrevistas múltiplas, sem questionários prévios, a serem realizadas em local escolhido pelo colaborador. No primeiro encontro supõe-se importante mais ouvir que perguntar. Somente após detalhados os motivos do projeto, iniciarei a gravação das narrativas. É importante enfatizar que por meio dos procedimentos de história oral escolhidos para a realização dessa pesquisa, a liberdade associativa da narração é algo fundamental. Portanto, o entrevistado poderá discorrer sobre os assuntos de seus interesses, sem que o pesquisador escolha o que deve ou não ser dito, ou ainda o que é ou não importante para a constituição de sua identidade.

No registro das narrativas que comporão essa pesquisa estarei atenta para não selecionar apenas os elementos que de alguma forma definem afinidades do grupo, pontos comuns que marcam uma experiência coletiva. As diferentes redes têm como objetivo olhar também a diversidade, pois penso que ela é essencial para ter contato com o processo de negociação da ou das identidades do grupo Sem Terra. Essa preocupação está marcada por acreditar que a identidade "é um fator original redefinido mediante uma herança cultural submetida a situações desafiadoras" (Meihy, 2005, 73) e por isso é sempre levada a se (re)construir.

Ao pontuar essa preocupação vale fazer uma nova colocação no que diz respeito ao uso da história oral que será feito. Convém esclarecer que estarei interessada nas versões individuais sobre cada fenômeno, pois "cada depoimento para a história oral tem peso autônomo, ainda que se explique socialmente" (Meihy, 2005, 70).

Acredito que o conjunto das histórias reunidas servirá como um caminho que apontará motivações individuais e diversidade formadora desse grupo. A análise dessas narrativas poderá fornecer elementos que iluminem as individualidades que permanecem sob o discurso da luta e das ações comuns. Assim, penso ser possível por meio da diversidade entender a individualidade, mas ao mesmo tempo lançar luz sobre aspectos da identificação.

FONTES

Além da análise das narrativas, principal fonte desse projeto, dedicar-me-ei ao estudo do material produzido pelo próprio MST. Pois os textos publicados, mesmo que de forma dispersa, registram o que já se pensou sobre a identidade desse movimento. Esses textos foram veiculados nos seguintes livros, periódicos e documentários (dentre outros):

172 Guia prático de história oral

Periódicos
- *Cadernos de Cooperação*
- *Cadernos de Formação*
  - Em especial o de n. 26: A vez dos valores. São Paulo: Movimento dos Trabalhadores Rurais Sem Terra – MST, 1998.
- *Cadernos de Educação*
- *Boletins da Educação*
  - Em especial o de n. 09 comemorativo dos 20 anos do Setor – no prelo
- *Sem-Terra*. Jornal mensal do Movimento dos Trabalhadores Rurais Sem Terra
- *Terra*. Revista trimestral do Movimento dos Trabalhadores Rurais Sem Terra

Publicações
- *A história de uma luta de todos*. São Paulo: Setor de Educação – MST, 1996. (T. Cornelli, org., Coleção Fazendo História, n. 3)
- *Escola itinerante em acampamentos do MST*. São Paulo: Setor de Educação, 1998. (I. Camini, org.)
- *Princípios da educação no MST*. 2. ed. São Paulo: Setor de Educação, 1997.
- Dentre muitas outras.

Documentários em vídeo
- *Terra para Rose e Sonho de Rose*, dirigidos por Tetê Moraes.
- *Raiz forte*, dirigido por Aline Sasahara e Maria Luísa Mendonça

PLANO DE TRABALHO

Para a realização desta pesquisa divido meus interesses e estudos em três temáticas que, apenas como forma de sistematização didática, aparecem provisoriamente compartimentadas. Com o decorrer da pesquisa pretendo estabelecer um diálogo entre elas.

Identidade	– leitura e fichamento de estudos das áreas de história, sociologia, antropologia, psicologia, dentre outras que tratem do conceito de identidade.
Sem Terra	– acompanhamento na mídia, além da leitura da bibliografia existente sobre o Movimento dos Trabalhadores Rurais Sem Terra, suas teorias e suas práticas.
História oral	– Como as entrevistas serão a base documental desse projeto, me dedicarei a estudar procedimentos e trabalhos que tenham a fonte oral como seu principal fundamento.

CRONOGRAMA

O projeto será realizado no prazo de três anos, prazo restante para a conclusão desta pesquisa de doutoramento. Nesse primeiro ano de pesquisa pude cursar a disciplina e obter os créditos exigidos para o doutorado da Pós-graduação da Faculdade de Filosofia, Letras e Ciências Humanas – FFLCH – da Universidade de São Paulo – USP, além de dedicar-me às atividades como levantamento bibliográfico complementar, a leitura da bibliografia e participação em eventos acadêmicos e organizados pelo MST.

A tabela que segue prevê a realização das atividades a cada semestre.

[Consta no projeto original]

REFERÊNCIAS BIBLIOGRÁFICAS

[Constam no projeto original]

II. Projeto história oral como tecnologia social

No movimento da história oral, importa ver que muitas perspectivas de trabalho são abertas; assim, vale lembrar que a história oral ganha campo fora da academia e lá ela pode ser um saber, uma tecnologia social ou uma forma de conhecer melhor a realidade que nos cerca. Vejam o exemplo deste projeto:

Histórias de vida dos trabalhadores da economia solidária em Ponta Grossa e na região dos Campos Gerais: memória, identidade e história oral

Área Temática: Educação, Política e Economia Solidária
Prof. Dra. Andrea Paula dos Santos
Dep. de História e Mestrado em Ciências Sociais Aplicadas –
UEPG/PR
Núcleo de Estudos em História Oral da Universidade de São Paulo – NEHO/USP

RESUMO

Este trabalho apresentará resultados parciais de um estudo em andamento sobre a história, as identidades e as subjetividades dos trabalhadores dos empreendimentos solidários na cidade de Ponta Grossa, assessorados pelo Programa de Extensão da Universidade Estadual de Ponta Grossa "Incubadora de Empreendimentos Solidários" (IESOL-UEPG). Abordaremos especialmente a parceria entre a IESOL-UEPG e o Núcleo de Estudos em História Oral (NEHO-USP) que resultou no projeto "Práticas Teóricas e Metodológicas do Trabalho de Campo para a Elaboração de um Diagnóstico Participativo: Economia Solidária, Educação Popular e História oral", financiado pelo MEC no Programa de Apoio à Extensão Universitária voltado às Políticas Públicas.

Palavras-chave: trabalhadores, histórias de vida, economia solidária, memória, identidade.

Este trabalho apresentará resultados parciais de um estudo em anda-mento sobre a história, as identidades e as subjetividades dos trabalhadores que atuam nos empreendimentos solidários na cidade de Ponta Grossa, especificamente aqueles que estão sendo assessorados pelo Programa de Extensão da Universidade Estadual de Ponta Grossa "Incubadora de Empreendimentos Solidários" (IESOL). A IESOL busca, pelos princípios da economia solidária, contribuir para a formação, a constituição e a conso-lidação desses empreendimentos capacitando-os para geração de trabalho e renda. Como é sabido, a economia solidária apresenta-se como uma área de inserção dos trabalhadores que estão fora do mercado formal, ou desempregados, em empreendimentos autogestionários, ou seja, organizados por eles mesmos de forma justa e solidária (Singer, 2000; Gaiger, 2004). O grupo da IESOL é constituído por professores, técnicos, acadêmicos e assessores que trabalham a partir da metodologia proposta pela Incubadora Tecnológica de Cooperativas Populares da Univer-sidade Federal do Paraná (ITCP/UFPR), que detalharemos mais adiante.

A metodologia deste trabalho de pesquisa surgiu como desdo-bramento dos trabalhos acerca da Economia Solidária que realizamos desde 2000 (Santos & Santos, 2004) e, sobretudo, no ano de 2005, como assessores da coordenação e pesquisadores da IESOL-UEPG. Para tanto, rea-lizamos uma parceria com o Núcleo de Estudos em História Oral (NEHO/USP) com vistas à elaboração de Diagnósticos Participativos dos grupos de trabalhadores a serem pré-incubados pela IESOL. Adotou-se para a cons-trução de conhecimento com os trabalhadores acerca de seu próprio coti-diano a utilização da história oral, focando nas histórias de vida dos seus integrantes num processo de contatos e entrevistas com o grupo, dando início a um acervo documental e ao estudo de suas subjetividades. Esse trabalho tem como referências teóricas e metodológicas os pressupostos forjados pelos trabalhos do Núcleo de Estudos em História Oral da Uni-versidade de São Paulo (NEHO/USP), em várias pesquisas realizadas com trabalhadores e outros grupos tradicionalmente marginalizados e excluídos da história (Santos, 1996; Santos; Ribeiro & Meihy, 1998; Ataíde, 2002; Meihy, 2005).

A parceria entre a IESOL-UEPG e o NEHO-USP resultou no projeto "Práticas Teóricas e Metodológicas do Trabalho de Campo para a Elaboração de um Diagnóstico Participativo: Economia Solidária, Educação Popular e História oral", aprovado e financiado pelo Ministério da Educação (MEC) no Programa de Apoio à Extensão Universitária voltado às Políticas Públicas (PROEXT 2005, Secretaria de Educação Superior – Sesu; Departamento de Modernização e Programas da Educação Superior – DEPEM). Esse projeto está possibilitando a concessão de bolsas a seis estagiários, estudantes das áreas de História, Administração e Serviço Social, embora ainda conte com a participação voluntária de estudantes das áreas de Pedagogia, Geografia e Economia. Além disso, possibilitará a aquisição de material permanente (computador, gravadores, câmera fotográfica e de vídeo) e material de consumo (fitas, disquetes, pilhas e material de escritório em geral) para apoiar e viabilizar o trabalho de construção documental que subsidia a elaboração do Diagnóstico Participativo dos grupos de trabalhadores da economia solidária dessa região.

Buscamos, neste processo de construção documental, possibilitar uma análise das histórias de vida dos sujeitos a serem assessorados destacando suas aspirações, suas memórias e identidades individuais e coletivas e o contexto histórico e social que estão inseridos (Pollak, 1992; Portelli, 1993; Meihy, 2005; Bauman, 2005). Também nos seus relatos, temos um enriquecimento dos estudos sobre a região dos Campos Gerais e da cidade de Ponta Grossa dados pelas diferentes visões narradas pelos trabalhadores da economia solidária sobre o cenário político, econômico, social e cultural. Ao registrarmos e analisarmos suas histórias nos propomos a fazer nesta pesquisa, de acordo com Freire (1997; 2002), com que os trabalhadores reflitam sobre sua realidade num processo que também é atravessado pelas práticas de educação popular e, por meio desta intervenção, exponham como definem suas identidades e como compreendem o que é economia solidária.

Portanto, além de produzir e estudar documentos sobre os grupos de trabalhadores da economia solidária na região, propomos o enriquecimento do debate teórico acerca da economia solidária, ao comparar a trajetória desses grupos e seu posicionamento em relação aos chamados princípios solidários e autogestionários, com o que os estudiosos definem a respeito. Nesse sentido, através das histórias de vida queremos compreender como eles atribuem significados às suas práticas de economia solidária e à complexidade de suas vivências relacionadas a estes conceitos.

Acreditamos que os Diagnósticos Participativos realizados com os grupos de trabalhadores que serão pré-incubados pela IESOL precisam contar com a valorização e a reflexão sobre as possibilidades e os limites do registro documental, bem como sobre sua guarda em um acervo e sua disponibilização aos membros da IESOL; aos grupos de trabalhadores que participam do processo de pré-incubagem; e também aos pesquisadores que se interessem por estudar a história e a realidade vivida pelas pessoas envolvidas nas atividades da Economia Solidária. Isto se justifica porque a partir dos registros documentais feitos com os grupos de trabalhadores (histórias de vida, imagens fotográficas e audiovisuais da realidade vivenciada pelos sujeitos em suas comunidades, cadernos de campo) é que se torna possível subsidiar as intervenções a serem realizadas pela IESOL para o desenvolvimento dos empreendimentos solidários, gerando trabalho e renda para aqueles que necessitam. Com esse objetivo, a IESOL fez a referida parceria com o NEHO-USP para garantir o estabelecimento, o tratamento e o estudo de um acervo de fontes orais e audiovisuais, constituído a partir das histórias de vida de pessoas ligadas aos grupos de trabalhadores da Economia Solidária a serem assessorados.

A partir dessas pesquisas que compõem os Diagnósticos Participativos dos grupos assessorados, entendemos a necessidade do amplo registro documental de fontes orais e audiovisuais relacionadas a eles como mais do que premente, em vista da amplitude de grupos e sujeitos a serem entrevistados. É urgente também a necessidade de registrar com imagens fotográficas e audiovisuais e, dessa forma, estudar aspectos da realidade vivida por esses grupos, de modo que as assessorias possam contar com farto material de consulta e pesquisa para planejar e atuar, de acordo com as situações vivenciadas por cada grupo, as intervenções necessárias ao desenvolvimento dos empreendimentos solidários. Além disso, favorecendo a constituição e o estudo de um acervo de fontes orais e audiovisuais de acordo com os recursos teórico-metodológicos adequados, estaremos contribuindo para que a história da Economia Solidária seja enriquecida pelos depoimentos e pelas imagens daqueles que vivem o seu dia a dia, e que certamente têm muito a dizer sobre a história social, política, cultural e econômica da nossa sociedade.

Portanto, nossa metodologia de pesquisa pressupõe o acompanhamento e a investigação desses grupos para o enriquecimento das possíveis concepções sobre o tema da economia solidária, tanto para cotejar com os desenvolvimentos teóricos existentes, quanto para problematizar as metodologias adotadas pelas incubadoras.

Por isso, nos propomos a refletir sobre o trabalho da IESOL com base no aprofundamento teórico e metodológico do estudo das possíveis contribuições da história oral para a construção e a análise da história e da identidade dos grupos de trabalhadores da Economia Solidária.

Também buscamos conjugar a pesquisa teórica, através da bibliografia existente, com a prática de trabalho de campo, enfatizando os pressupostos da história oral e das suas relações com os conceitos de memória e de identidade. Para tanto, baseamos nossas pesquisas nas reflexões de Pollak (1992), que afirmou ser a memória um fenômeno construído, social e individualmente, cujos modos de construção podem ser conscientes ou inconscientes, características que segundo Bauman (2005) também podem ser atribuídas ao conceito de identidade. O que a memória individual grava, recalca, exclui, relembra, é evidentemente o resultado de um verdadeiro trabalho de organização. No caso deste trabalho de pesquisa, somos mediadores dessa organização, ajudando o colaborador a organizar sua própria memória, e assim também a se organizar como coletividade em torno de um projeto ligado aos princípios da economia solidária.

Há uma ligação fenomenológica muito estreita entre a memória e o sentimento de identidade. Pollak (1992) afirma que trata o sentimento de identidade no seu sentido mais superficial, que é o sentido da imagem de si, para si, e para os outros. Isto é, a imagem que uma pessoa adquire ao longo da vida referente a ela própria, a imagem que ela constrói e apresenta aos outros e a si própria, para acreditar na sua própria representação, mas também para ser percebida da maneira como quer ser percebida pelos outros. O autor recorre à literatura da psicologia social e em parte da psicanálise para definir três elementos essenciais na construção da identidade:

1. a unidade física, ou seja, o sentimento de ter fronteiras físicas, no caso do corpo da pessoa, ou fronteiras de pertencimento ao grupo, no caso de um coletivo.
2. a continuidade dentro do tempo, no sentido físico da palavra, mas também no sentido moral e psicológico.
3. o sentimento de coerência, ou seja, de que os diferentes elementos que formam um indivíduo são efetivamente unificados (de tal forma esses elementos são importantes que se houver uma ruptura podemos observar fenômenos patológicos).

Portanto, para o autor, a memória é um elemento constituinte do sentimento de identidade, tanto individual, quanto coletiva, na medida em que ela é também um fator extremamente importante do sentimento de continuidade e de coerência de uma pessoa ou de um grupo em sua reconstrução de si.

O próprio Pollak (1992) admite que nessa sua definição de identidade social como imagem de si, para si, e para os outros, há um elemento que escapa ao indivíduo e por extensão ao outro. Ninguém pode construir uma autoimagem isenta de mudança, de negociação, de transformação, em função dos outros. A construção da identidade é um fenômeno que se produz em referência aos outros, aos critérios de aceitabilidade, de admissibilidade, de credibilidade, e que se faz por meio de negociação direta com outros. Memória e identidade podem perfeitamente ser negociadas e não são fenômenos que devam ser compreendidos como essências de uma pessoa ou de um grupo. Se é possível o confronto entre a memória individual e a dos outros, isso mostra que a memória e a identidade são valores disputados em conflitos sociais e intergrupais, e particularmente em conflitos que opõe grupos políticos diversos. Constituem ponto importante na disputa pelos valores familiares, um ponto focal na vida das pessoas.

Ao falar de memória política como memória constituída, Pollak (1992) introduz o conceito de "trabalho de enquadramento da memória", em parte realizado por "historiadores orgânicos", isto é, inseridos

180   Guia prático de história oral

dentro dos grupos e trabalhando em prol da construção das memórias e das identidades dos mesmos. As organizações políticas fazem esse trabalho com a finalidade de levarem os grupos a solidificarem uma determinada consciência histórico-social. Há também o trabalho da própria memória em si, ou seja, cada vez que uma memória está relativamente constituída, ela efetua um trabalho de manutenção, coerência, unidade, continuidade da organização. Cada vez que a memória muda e se rearranja as identidades coletivas também se transformam. O autor define identidade coletiva como todos os investimentos que um grupo deve fazer ao longo do tempo, todo o trabalho necessário para dar a cada membro do grupo o sentimento de unidade, continuidade e de coerência.

É, portanto, a partir da discussão e da construção teórica e prática dos conceitos de memória e identidade, que objetivamos um conhecimento mais amplo da história do mundo do trabalho na região estudada. Dispõe-se assim de um aparato teórico e prático para a construção de instrumentos de pesquisa, tais como questionários e roteiros de entrevistas que consideremos subjetividades dos sujeitos envolvidos na pesquisa, tanto os trabalhadores da economia solidária quanto os membros da equipe de pesquisadores e extensionistas da IESOL. Sobre a noção de subjetividade, nos orientaremos pelas reflexões de Foucault (2004) ao produzir uma história dos diferentes modos de subjetivação do ser humano, procedendo ao que considerou como uma arqueogenealogia do sujeito, que se divide em certas práticas. São elas: as práticas objetivadoras, que permitem pensá-lo através de ciências cujo objeto é o indivíduo passível de normalização; as práticas discursivas, que detêm o papel de produtoras de epistemologia pelo sujeito falante e produtivo; e as práticas subjetivadoras pelas quais o sujeito pode pensar-se como tal e nas quais o ser humano se transforma em sujeito de si e para si, como quando se constitui eticamente. Entre os domínios do saber, do poder e da ética, estabelecem-se relações do sujeito sobre as coisas, sobre a ação dos outros e sobre si. Possibilitando questionar como nos constituímos enquanto sujeitos de nossos saberes, que exercem ou sofrem relações de poder, nos conformando em sujeitos morais de nossa ação. Para tanto, é importante destacar que Foucault defendeu que se analise as tecnologias e as formas de racionalidade que envolvem as organizações e as disciplinarizações correspondentes a cada área. Em seu entendimento, essas práticas intelectuais impediriam o crescimento dessas capacidades que geram a própria intensificação das relações de poder. Nessa direção, as questões centrais são como o sujeito pode dizer algo como uma verdade de si, como ele adquiriu a necessidade de dizê-la e qual o tipo de racionalidade que atravessa esse processo (Foucault, 2004; Gros, 2004).

Os objetivos são alcançados, portanto, através da pesquisa teórica concomitantemente com a pesquisa de campo, por meio do cruzamento de dados que apontem para a compreensão dos múltiplos significados, experiências, subjetividades, identidades e memórias dos grupos de trabalhadores (Pollak, 1992; Portelli, 1993; Meihy, 2005; Bauman, 2005). Como já mencionamos, nossa metodologia de pesquisa pressupõe o acompanhamento e a investigação da própria metodologia de trabalho da IESOL, que se desenvolve a partir de algumas atividades de formação e de trabalho de campo que abordaremos a seguir. Atualmente, a equipe da IESOL está participando do curso de extensão "Metodologia de incubagem para incubadoras" promovido pela Incubadora Tecnológica de Cooperativas Populares da Universidade Federal do Paraná (ITCP/UFPR). O objetivo desse curso é repassar a metodologia utilizada naquela instituição, possibilitando o início da intervenção da IESOL de forma mais concreta e segura. A despeito do debate das vantagens e desvantagens em se unificar ou não uma metodologia para as incubadoras populares, existe um espaço para contemplar as especificidades de cada região, cada equipe, cada grupo de trabalhadores. São especialmente as especificidades que queremos estudar nessa pesquisa, compreendendo a natureza do diálogo entre a metodologia já existente e aquela que está se constituindo na imbricação com esta já estabelecida. Assim, a princípio, a IESOL vem adotando a metodologia consolidada e repassada pela ITCP/UFPR, que consiste em 3 (três) fases ou etapas do processo de incubação, descritas brevemente na sequência:

1 - Pré-incubação (até 6 meses): primeiros contatos com os grupos, incluindo avaliações preliminares a respeito da possibilidade e potencialidade dos grupos e dos empreendimentos. Nesta etapa são realizados os diagnósticos participativos do grupo e do local, assim como a for-

mação em Economia Solidária e a pré-viabilidade do empreendimento. A formação em Economia Solidária é composta por três módulos:

1º. Módulo: as transformações do mundo do trabalho (trabalho e emprego; desemprego no contexto mundial e brasileiro; causas do desemprego; desemprego e capitalismo e soluções para o desemprego);

2º. Módulo: Economia solidária (movimento cooperativista; valores cooperativos; conceitos e valores da economia solidária; formas de empreendimentos solidários: cooperativismo – associativismo – feiras solidárias – clubes de troca; organização e estruturação de um empreendimento solidário; experiências de economia solidária, autogestão);

3º. Módulo: gestão econômico-financeira do empreendimento solidário (planejamento, custos, viabilidade, registros, despesas e receitas, patrimônio); a partir dessa metodologia, afirma-se que ao final da pré-incubação o grupo terá condições de perceber se deseja assumir os princípios da Economia Solidária, ao mesmo tempo em que a equipe da IESOL avaliará se o grupo tem o potencial e as condições necessárias para tal. Após esta avaliação, o grupo que estiver disposto e apto, poderá ser encaminhado para a incubação.

2 - Incubação (18-24 meses): inclui pesquisas de mercado, estudo de viabilidade econômica e financeira, elaboração e aprovação de estatuto e regimento, além de assessorias técnicas (contábil, jurídica, econômica, administrativa...) e da formação continuada a respeito da economia solidária. Além destas questões técnicas ou de gestão, é possível dar continuidade à realização de pesquisas históricas, sociológicas, antropológicas, buscando e ampliando a compreensão da realidade destes trabalhadores.

3 - Desincubação (até 6 meses): prepara o grupo para a desvinculação do empreendimento com a incubadora. Deve-se salientar que todo o trabalho orienta-se na perspectiva da autonomia e emancipação, portanto, não se trata de uma última etapa, mas sim de um processo. A IESOL tem realizado a primeira fase do processo, chamada Pré-Incubação, de forma diferenciada, e nesse contexto, já realizando

um trabalho mais intenso de acompanhamento dos grupos e de formação, o que pode sugerir algumas inovações na metodologia tradicionalmente adotada pelas incubadoras. A especificidade da metodologia da IESOL/UEPG está na primeira parte do processo, visto que nessa fase da metodologia de trabalho tem ocorrido a realização de entrevistas de histórias de vida, visando enriquecer o diagnóstico participativo, através do conhecimento e do reconhecimento da história, das identidades e da trajetória dos trabalhadores. Identidade aqui compreendida como processos em que a noção de pertencimento e de continuidade histórica dos grupos sociais é construída em meio a lutas sociais, políticas e econômicas e suas contradições e ambiguidades (Bourdieu, 1997; Castells, 2002; Hall, 2003; Canclini, 2005; Bauman, 2005). Para desenvolver esse trabalho, a IESOL desenvolveu a seguinte metodologia que está em andamento, inter-relacionando a formação e os debates sobre Economia Solidária e história oral:

1) Elaboração do diagnóstico local, conhecendo os indicadores oficiais sobre o município e georregião, e sobre as comunidades onde os grupos estão inseridos em relação aos aspectos econômicos, sociais, culturais, políticos e históricos;

- Visitas aos órgãos públicos ou de informação para registro e coleta de documentos variados.

2) Elaboração do diagnóstico do grupo, conhecendo a realidade de cada sujeito através do registro de histórias de vida e de visitas às comunidades;

- Discussão de procedimentos teórico-metodológicos: como (por que, com quem e para quem) fazer o trabalho de campo para registros de histórias de vida e coletas de outros tipos de documentos;
- Como preparar uma visita aos membros do grupo;
- Como preparar o material tecnológico para gravação dos registros (gravadores, fitas, câmeras fotográficas e de vídeo);
- Como fazer as entrevistas de história de vida;

184 Guia prático de história oral

- Como proceder à realização de observações participantes com caderno de campo, registro fotográfico ou audiovisual e recolhimento de outros documentos existentes.

3) Elaboração das sistematizações e das análises das informações sobre os temas presentes nas trajetórias vividas pelos grupos e nas pesquisas sobre a realidade local, constituindo conjuntos de dados que possibilitem a intervenção das assessorias;

- Como identificar, arquivar e catalogar os registros históricos produzidos e outros que foram coletados (por exemplo, jornais, revistas, documentos escritos, objetos, fotografias);
- Como transcrever e editar as entrevistas;
- Como fazer o processo de autorização do uso das entrevistas para disponibilização pública;
- Como organizar e disponibilizar as informações sobre os principais temas de cada grupo (situação econômica, vida familiar, aspectos sociais e culturais): a) análise das histórias de vida; b) análise das fotografias; c) análise de outros documentos coletados no trabalho de campo junto aos grupos; d) análise de outros documentos ou reflexões sobre a realidade local.

4) Reavaliação dos Diagnósticos Participativos construídos através desses procedimentos. Redimensioná-los, se for o caso, fechando um entendimento coletivo da realidade diagnosticada.

Cada ação desenvolvida é avaliada simultaneamente, enquanto é realizada, pelos próprios participantes, sendo que, ao final, estes fazem uma avaliação global contando já se os resultados esperados foram alcançados e quais as dificuldades encontradas ao longo do processo que precisam receber atenção especial numa próxima ação. Nesse sentido, a metodologia da IESOL na fase de Pré-Incubagem já tem mostrado alguns indícios de que se constitui como forte intervenção na realidade dos grupos de trabalhadores. Isto porque, ao reconhecer suas trajetórias como dignas de serem documentadas e amplamente divulgadas, dá visibilidade à Economia Solidária através das práticas de história oral e seu debate em torno das questões sobre memória, identidades, História Imediata e do Tempo Presente

(Chauveau & Tètart, 1999) e a importância desses conceitos para se pensar e se executar políticas públicas.

Atualmente nos deparamos com algumas questões sobre as quais refletiremos acerca dos desdobramentos desse Diagnóstico Participativo diferenciado. Quais seriam as consequências desse processo de Pré-Incubagem na vida dos grupos de trabalhadores e também na formação e atuação dos pesquisadores e técnicos da IESOL? Será que esse processo pode trazer outros benefícios além do incentivo aos empreendimentos solidários, proposta inicial do Programa de Extensão? Para tentar responder a essas perguntas é que nos propomos a acompanhar, favorecer e estudar cada uma das atividades de Pré-Incubagem que estão sendo desenvolvidas. Queremos assim refletir sobre suas possibilidades e limites quanto à renovação da metodologia das Incubadoras, bem como quanto à criação e divulgação de um banco de histórias dos grupos de trabalhadores da Economia Solidária de Ponta Grossa e da região de Campos Gerais. Compreendemos assim que a metodologia desse projeto tem mão dupla, pautada pela autorreflexividade, inspirando-se no termo que Giddens (2002) tão bem cunhou. Pois, ao mesmo tempo em que se propõe a estudar e a acompanhar a imbricação entre Economia Solidária e história oral na fase de pré-incubação e suas implicações para os grupos envolvidos, também busca esse estudo e compreensão através do exercício da prática, envolvendo o trabalho de campo com elaboração e análise documental. A autorreflexividade surge, nesse sentido, como um conceito chave de toda a metodologia desse projeto, visto que representa a urgência que temos de atuar como pesquisadores que criam e analisam documentos sobre a realidade social, entendendo essa tarefa como prática intelectual, política, econômica, cultural e social que favorece, simultaneamente, tanto o desenvolvimento de políticas públicas quanto de reflexões sobre o próprio sentido que elas possuem, numa sociedade complexa cujas transformações velozes no mundo do trabalho demandam ações imediatas contra a miséria e a exclusão. A parceria entre esses grupos de pesquisa parte do princípio de que a Economia Solidária e a história oral representam hoje espaços disciplinares de reflexão e contextualização acerca das identidades, das memórias e das subjetividades dos grupos de trabalhadores em busca de superar as várias formas de exclusão predominantes na sociedade capitalista. Interface de múltiplas áreas do conhecimento, este projeto pretende abreviar a distância criada para separar as práticas de pesquisa, de ensino e de extensão, levando a uma reflexão sobre a própria produção do conhecimento acadêmico, da tecnologia e seu papel social diante do reconhecimento e do intercâmbio com os saberes populares e as práticas econômicas, políticas, sociais e culturais dos trabalhadores.

As experiências locais têm sido analisadas não só pelo seu impacto econômico local, mas como portadoras de novos conceitos e até mesmo como portadoras de profundos questionamentos aos sistemas tradicionais de produção, de crédito, de organização social, de mercado, de políticas sociais, etc. Em especial, o caráter participativo destas experiências potencializa um alcance muito mais efetivo de políticas econômicas e sociais que normalmente passam muito distante das populações mais carentes, além de se garantir uma maior adequação a realidades locais distintas.

Considerando os resultados parciais de nossas pesquisas, os trabalhadores que temos acompanhado e entrevistado – pertencentes a cinco grupos diferentes (feirantes, artesãos, jardineiros, costureiras, catadores de lixo) – têm colocado suas vivências em consonância com as considerações de Gaiger (2004). As avaliações organizadas por este autor, indicam que as experiências apresentam um enorme potencial de revigorar energias de setores populares excluídos, de emancipação e de apropriação de tecnologias produtivas e organizacionais mais adequadas aos saberes populares, embora apresentem contradições e ambiguidades, bem como profundas dificuldades de sobrevivência e consolidação. Porém, esse potencial torna-se significativo quando somado ao papel de favorecimento de construção identitária e de elevação de autoestima dos grupos proporcionados pela transformação de suas histórias de vida em documentos históricos para um público mais amplo, reconhecendo seus papéis como sujeitos históricos.

Nessa direção, e em concordância com Gadotti (1993), estas experiências estão forjando uma economia popular solidária integrada à economia de mercado, porém, contrárias à sua lógica. E, nesse sentido, a valorização desses sujeitos através do processo de construção documental em regime de colaboração, torna-se um forte elemento de inserção dessas pessoas nos processos históricos de forma humanizada, que visa a respeitar as individualidades e as experiências únicas que cada uma delas pode trazer para o campo da experimentação e consolidação de novos valores. Assim, a primazia de valores como a solidariedade, a democracia, a autogestão e a autonomia sobre valores mercantis, combinada com a eficiência econômica, coloca tais experiências na condição de coexistir com o mercado capitalista, ao mesmo tempo em que o questiona na teoria e na prática (Arruda, 2003).

Dessa forma, o Diagnóstico Participativo acrescido das histórias de vida permitem considerar em detalhes e em referência ao cotidiano dos trabalhadores quais as possibilidades da economia solidária. Essas, sem dúvida, já confirmam que os projetos de economia solidária apresentam grande potencial de ampliação das possibilidades de geração de novas oportunidades de trabalho; propicia uma maior democratização da gestão do trabalho considerando a valorização das relações humanas; e é também um caminho viável para uma maior distribuição de renda. As redes de economia solidária podem ainda ser instrumentos com grande potencial de fortalecer o desenvolvimento local integrado sustentável e ainda um caminho para a transformação social (Mance, 2002; Lianza, 2005), onde a construção de novas memórias e identidades individuais e coletivas cumpre papel destacado como tarefas e projetos comuns a serem abraçados pelos trabalhadores e pela equipe de pesquisadores e extensionistas da IESOL.

REFERÊNCIAS BIBLIOGRÁFICAS

[Constam no projeto original]

188 Guia prático de história oral

III. Projeto de história oral institucional

História oral do SECONCI-SP

Equipe de pesquisa: Fátima Cristina Maria Cardoso
Alberto Domingues
Orientação: Fala e Escrita/Núcleo de Estudos em História
Oral – NEHO/USP
Patrocínio e realização: IEPAC – Instituto de Ensino e Pesquisa
Armênio Crestana – SECONCI/SP

INTRODUÇÃO

Poucos países conheceram movimentos migratórios tão intensos como o ocorrido no Brasil, devido, entre outros motivos, ao auge da industrialização iniciada na década de 60. Estima-se que entre as décadas de 1960 e 1980 o êxodo rural brasileiro alcançou um total de 27 milhões de pessoas. A grande expansão urbana no Brasil, como um componente fundamental das mudanças estruturais na sociedade brasileira, começou na segunda metade do século XX e na década de 1960 a população urbana tornou-se superior à rural. (Salim, 1992, Ebanks, 1993). A migração nordestina para a região Sudeste, em especial ao estado de São Paulo foi intensa. São Paulo se torna a "terra das oportunidades".

Grande parte das pessoas que chegavam a São Paulo em busca de novas oportunidades foi atuar na construção civil, chamando atenção do então Sindicato da Indústria da Construção Civil de Grandes Estruturas no Estado de São Paulo, atual SindusCon-SP, e de outros sindicatos e federações do setor, as precárias condições de saúde daqueles trabalhadores e a falta de condições dos serviços públicos de saúde em atender à nova demanda, concluindo que deveriam se empenhar em buscar uma solução para tais problemas.

A diretoria do SindusCon-SP, então formada pelo presidente Oscar Costa, e os diretores João Prósperi de Araújo, João Mathias Barker e Armênio Crestana, foi uma das que incentivaram, em sintonia com a

Federação dos Trabalhadores das Indústrias da Construção e do Mobiliário do Estado de São Paulo, particularmente do dirigente Luiz Menossi, a criação de uma entidade de apoio ao serviço público de saúde, que oferecesse assistência médica gratuita e de atendimento dirigido aos trabalhadores do setor da construção, extensiva a seus dependentes.

Assim, a 20 de março de 1964, foi fundado o Serviço Social da Indústria da Construção e do Mobiliário do Estado de São Paulo – SECONCI-SP, entidade filantrópica, sem fins lucrativos, mantida com uma contribuição mensal das empresas a ela filiadas e reconhecida como de utilidade pública pelos governos municipal, estadual e federal. Após mudanças estatutárias, a entidade hoje é denominada Serviço Social da Construção Civil do Estado de São Paulo.

Paralela à construção da sua sede na capital, localizada na avenida Francisco Matarazzo nº 74, o SECONCI-SP deflagrou, no final dos anos 70, o processo de descentralização dos seus serviços. Atendendo a uma reivindicação do Sindicato dos Trabalhadores da Indústria da Construção e do Mobiliário de Santos, em 1976, foi criada a primeira Unidade Externa do SECONCI-SP, beneficiando os trabalhadores da Baixada Santista, assim como seus dependentes.

Logo vieram outras e atualmente o SECONCI-SP mantém unidades ambulatoriais na capital e nos municípios de Campinas, Piracicaba, Praia Grande, Ribeirão Preto, Riviera de São Lourenço/Bertioga, Santo André, Santos, São José dos Campos e Sorocaba, que realizam anualmente mais de um milhão de atendimentos.

Esse sistema diferenciado de atuação serviu de modelo para que mais unidades do SECONCI fossem fundadas em outras regiões do país, como Amazonas, Espírito Santo, Goiás, Minas Gerais, Paraná, Rio de Janeiro, Santa Catarina, Tocantins e no Distrito Federal. Embora todas sejam administrativa e economicamente independentes, seguem os mesmos objetivos.

A grande experiência adquirida pelo SECONCI-SP no atendimento à saúde da população levou-o a ser qualificado como Organização Social de Saúde pelo Governo do Estado de São Paulo, com base na Lei Complementar nº 846/98 que visava a qualificar entidades do terceiro setor para cuidar da gestão de equipamentos hospitalares de saúde.

Inicialmente coube ao SECONCI-SP administrar o Hospital Geral de Itapecerica da Serra (HGIS), inaugurado em março de 1999. A ele se sucederam o Hospital Estadual Vila Alpina (HEVA), o Hospital Regional de Cotia (HRC) e o Hospital Estadual de Sapopemba (HESAP). Os quatro hospitais totalizam anualmente mais de 54 mil saídas hospitalares, 150 mil atendimentos ambulatoriais, 340 mil atendimentos de urgência e emergência e quase 1,5 milhão de exames.

Em dezembro de 2008, o SECONCI-SP assumiu a gestão do Ambulatório Médico de Especialidades (AME) Heliópolis, o maior e mais bem equipado centro ambulatorial do Estado de São Paulo, e que faz parte de um novo modelo de atendimento da Secretaria de Estado da Saúde, que reúne consultas, exames e pequenas cirurgias em um único local, agilizando o diagnóstico e o tratamento dos pacientes.

Integrada ao complexo do AME Heliópolis, está a Casa do Adolescente, que faz parte do Programa de Saúde do Adolescente da Secretaria de Estado da Saúde e o Serviço Estadual de Diagnóstico por Imagem (SEDI) II, que conta com tecnologia de ponta e médicos de plantão 24 horas.

O SECONCI-SP também é responsável pela gestão do Centro Estadual de Armazenamento e Distribuição de Insumos de Saúde (CEADIS), um projeto idealizado pelo Governo do Estado de São Paulo.

Em 2006, o SECONCI-SP se qualificou como Organização Social pelo Município de São Paulo, passando a administrar cinco unidades de Assistência Médica Ambulatorial (AMA's). Em 2008, a entidade consolidou ainda mais a sua parceria com a Prefeitura de São Paulo ao assinar o contrato de gestão do Território Penha/Ermelino Matarazzo, que compreende mais de 40 unidades de saúde, constituídas por Unidades Básicas de Saúde (UBS's), AMA's, Ambulatórios de Especialidades, Unidades de Atendimento Domiciliar (UAD's), Centros de Especialidades Odontológicas (CEO) e Centros de Apoio Psicossocial (CAPS's).

Com essa breve introdução da trajetória do SECONCI-SP, pode-se perceber a importância desta instituição para se entender as histórias na promoção de saúde para os trabalhadores da construção civil do estado de São Paulo, e do seu papel como gestor de unidades públicas de saúde, na condição de OSS, tanto em parceria com o Governo do Estado, quanto com a Prefeitura.

JUSTIFICATIVA

Desde a sua fundação, o Serviço Social da Construção Civil do Estado de São Paulo – SECONCI-SP se mantém fiel à causa que motivou sua criação, que é a de prestar assistência médica ambulatorial e odontológica aos trabalhadores da construção civil e seus familiares, ligados a empresas associadas à entidade.

Os 46 anos de funcionamento do SECONCI-SP foram marcados por uma série de transformações que registram o aperfeiçoamento da assistência e o aumento no número de unidades de atendimento, aliados a modernização de instalações e equipamentos e maior oferta dos serviços prestados. Pensado inicialmente como opção aos serviços públicos de saúde, o SECONCI-SP é hoje grande parceiro do Sistema Único de Saúde (SUS) para aprimoramento na prestação de serviços de saúde à comunidade em geral.

Além do atendimento prestado aos usuários do SUS em suas unidades próprias de atendimento, o SECONCI-SP mantém parceria com a Secretaria de Estado da Saúde de São Paulo para administrar hospitais públicos, com atendimento exclusivo ao Sistema Único de Saúde e com a Secretaria Municipal de Saúde da cidade de São Paulo, para administrar Unidades Básicas de Saúde e de Atendimento Médico Ambulatorial, na zona leste da cidade.

Alguns fatos da história e das transformações do SECONCI-SP, ainda que de seu cotidiano, estão parcialmente registrados em atas, folhetos, boletins informativos, relatórios anuais e fotos, contudo, não há nenhum documento que traga uma visão mais completa do que o trabalho do SECONCI-SP representa para o setor da construção e seu impacto no sistema de saúde pública e privada. Grande parte da história da entidade está na memória das pessoas envolvidas, sendo assim, o que pode unificar a "documentação existente" são as narrativas pessoais, que poderão ser registradas através de entrevistas orais.

As primeiras tentativas de criação de arquivos empresariais históricos surgiram na Europa, ainda nos primeiros anos do século 20. Em 1927, foi criada em Harvard a disciplina "História Empresarial" com o objetivo de estudar a biografia de empresários e a evolução das instituições a partir de seus próprios arquivos. Buscava-se aprender as técnicas administrativas pelas quais os empresários dirigiam seus negócios para que servissem de objeto de estudo acadêmico (Barbosa, M.; Ribeiro, A. P. G., 2005).

Não constitui novidade que, desde os tempos primitivos, os relatos orais simbolizavam um precioso recurso de transmitir informações acerca das experiências sociais ou mesmo de divulgação do conhecimento adquirido. Na Antiguidade Clássica, a recomposição do passado dificilmente teria atingido o nível obtido se não tivesse usado as informações orais como uma fonte básica de compreensão histórica (Jucá, G. N. M., 2001).

Surgida como forma de valorização das memórias e recordações de indivíduos, a história oral permite recolher informações através de entrevistas com pessoas que vivenciaram algum fato ocorrido, que foi instituída em 1948 como uma técnica moderna de documentação histórica, quando Allan Nevins, historiador da Universidade de Columbia, começou a gravar as memórias de personalidades importantes da história norte-americana (Thompson, P., 1992).

Ao buscar a recuperação e preservação da memória institucional do SECONCI-SP, buscamos um pouco da história da saúde pública no Estado de São Paulo e da importância do segmento construção civil no decorrer de todos esses anos de história. A atuação conjunta dos sindicatos da construção civil, empresários e trabalhadores, certamente está registrada na memória das pessoas que fizeram a história do SECONCI-SP.

> É da experiência de um sujeito que se trata. Sua narrativa acaba colorindo o passado com um valor que nos é caro: aquele que faz do homem um indivíduo único e singular em nossa história, um sujeito que efetivamente viveu – e, por isso dá vida a – as conjunturas e estruturas que de outro modo parecem distantes (Albert, V., 2004).

OBJETIVOS

Geral:
Registrar, por meio de entrevistas de história oral, a experiência dos fundadores, diretores, colaboradores, parceiros e representantes de empresas associadas que participaram da história do SECONCI-SP.

Específicos:
- Organizar um registro histórico;
- Ampliar e aprofundar os estudos sobre a instituição;
- Coletar, tratar, guardar e dar acessibilidade à documentação, visando a divulgação dos registros para compreender a história institucional;
- Criar uma história humanizada, valorizando a participação dos fundadores, diretores, colaboradores, parceiros e representantes de empresas associadas, por meio de seus papéis individuais na construção da identidade institucional do SECONCI-SP.

METODOLOGIA

Este estudo utiliza-se de uma metodologia de história oral que compreende o seguinte processo (Meihy, J. C. S. B., 2005):

a) Escolha da Colônia, ou seja, do grupo que será estudado.

b) Formação das Redes, entendidas como subdivisões da Colônia que indicam os critérios adotados para a escolha das pessoas a serem entrevistadas. Trabalharemos com quatro redes: uma constituída por presidentes, conselheiros e ex-conselheiros. Uma segunda formada por colaboradores veteranos, uma terceira por clientes usuários e empresas e, a quarta, por parceiros, tanto sindicais, como do poder público.

c) Pré-entrevista: momento no qual se apresenta, em linhas gerais, o projeto de pesquisa para os colaboradores, se elucida os procedimentos, a necessidade de utilização de equipamentos eletrônicos para o registro da entrevista e se agendam datas, horários e os locais onde elas serão gravadas.

194 Guia prático de história oral

d) A entrevista, propriamente dita, é realizada com o consentimento do colaborador, e no caso deste projeto, faremos entrevistas de história oral de vida de categoria profissional, na qual se valoriza a integralidade narrativa dos colaboradores, e aprofundaremos por meio de perguntas, na medida em que for necessário, as questões abordadas por eles com referência à história do SECONCI-SP.

e) Transcrição, que compreende a passagem literal do oral para a escrita, incluindo as repetições, vícios de linguagem, expressões regionais e marcadores conversacionais que caracterizam a oralidade.

f) Textualização, que é o trabalho de conferir à entrevista um caráter de texto, de leitura agradável e fluida, inserindo perguntas e respostas em uma narrativa direta e reduzindo o excesso de marcadores conversacionais e possíveis gírias que possam prejudicar a compreensão e clareza do texto.

g) Transcriação da entrevista, que consiste em um trabalho de tradução criativa que se preocupa eminentemente com a reconstituição da informação estética do original (entrevista).

h) Conferência, momento em que, o pesquisador apresenta o texto editado ao colaborador, a fim de obter a autorização oficial para seu uso, mediante a assinatura do Termo de Consentimento Livre e Esclarecido, conforme modelo anexo. Nessa etapa, o colaborador tem total liberdade de sugerir inclusões, exclusões e/ou modificações na entrevista, pois a partir dela se chegará à versão final do texto.

Concluída essa etapa de construção do corpus documental, poderá, eventualmente, ser estabelecida uma nova fase, agora não mais empírica, mas analítica, de reflexões teóricas sobre o material construído e de possível diálogo com outras fontes.

O núcleo documental desta pesquisa será composto por entrevistas de história oral de vida que, conforme o nome indica, "trata-se da narração do conjunto da experiência de vida de uma pessoa" (Meihy, J. C. S. B., 1990).

Como se trata de um projeto de história oral, a documentação derivada da oralidade é privilegiada e central, contudo, outras fontes, como atas, folhetos institucionais, relatórios anuais, boletins informativos e jornais da época poderão ser consultados, a fim de melhor se compreender o cenário social, político e econômico que o SECONCI-SP se insere.

Não é objetivo deste trabalho contrapor o discurso dos entrevistados aos documentos escritos que remontam a história da entidade, com o propósito de encontrar "a verdade" ou conferir, por exemplo, as datas de acontecimentos importantes. O que importa para o presente estudo são as experiências de ordem objetiva e subjetiva, expressas por meio das narrativas das pessoas que as vivenciaram.

Essas narrativas, como sabemos, são filtradas pela memória, pelas necessidades psicológicas do momento da entrevista e pelas avaliações posteriores dos fatos vivenciados no passado. Dessa forma, o uso de documentos escritos da época será complementar às entrevistas de história oral, já que são elas o relato das experiências daqueles que participaram dessa história.

As pessoas que serão entrevistadas nesse projeto são denominadas "colaboradoras" e percebidas como parte ativa na pesquisa e que constituem sua matéria. Portanto, o trabalho será feito de forma colaborativa, onde os que vivenciaram a história do SECONCI-SP compartilham conosco suas histórias e, nós, como pesquisadores, registramos e formatamos esse material com as habilidades que nos são próprias, de forma negociada e responsável.

O colaborador poderá dissertar o mais livremente possível sobre sua experiência pessoal e coletiva e encadear sua narrativa segundo sua vontade e suas condições, e os pesquisadores terão, por sua vez, a liberdade de procurar as melhores condições para transpor o discurso do código oral para o escrito, e nessa transposição, importa mais se manter fiel ao sentido do que foi dito, à mensagem que se quis comunicar, do que à literalidade, ou seja, do que manter palavra por palavra exatamente como foram pronunciadas.

Este trabalho contará, em princípio, com 25 entrevistas, que acreditamos, serão fundamentais para ampliar o entendimento da história do SECONCI-SP e sua importância para o setor da construção e o sistema de saúde, tanto público, como o privado.

Os resultados desta pesquisa serão destinados ao Centro de Informação e Memória do IEPAC – Instituto de Ensino e Pesquisa Armênio

Crestana do SECONCI-SP, a quem caberá o arquivo e guarda dos documentos gerados em áudio, vídeo e textos escritos. Ao final, está prevista a publicação de um livro com todas as entrevistas e um breve panorama histórico e social do período relatado.

CRONOGRAMA
Investimento Necessário
Consultoria:
Empresa Fala e Escrita
Consultoria – duas reuniões mensais de duas horas cada.
Tempo de contrato – 24 meses – valor total do contrato
Transcrições
Hora de transcrição – nº médio de horas previsto
Tempo de contrato – duração do projeto – valor total estimado
Textualizações e Transcriações
Entrevista – nº de textualizações/transcriações previstas
Tempo de contrato – duração do projeto – valor total estimado
Valor total estimado: *[Presentes no projeto original]*

Observação: Os valores com transporte, publicação e divulgação só poderão ser estimados após o início das atividades de pesquisa.

REFERÊNCIAS BIBLIOGRÁFICAS

[Constam no projeto original]

Os autores

José Carlos Sebe B. Meihy, professor titular aposentado do Departamento de História da USP e coordenador do Núcleo de Estudos em História Oral (NEHO – USP), é um dos introdutores da moderna história oral no Brasil e um dos idealizadores da Associação Brasileira e História Oral (ABHO). Criador de uma metodologia própria de condução de história oral, seus trabalhos são considerados fundamentais por estabelecer elos entre a narrativa acadêmica e o público em geral. Suas pesquisas combinam temas do "tempo presente" com estudos sobre identidade e memória. Centrando sua atenção à "história oral de vida" tem sido convidado para cursos e eventos acadêmicos em diversas partes do mundo. Publicou diversos trabalhos sobre história oral. No campo da relação sociedade-oralidade, seus livros abordam questões ligadas aos índios kaiowás, aos modos de estrangeiros verem o Brasil (brasilianistas) e grupos sociais excluídos. Atualmente, trabalha com temas ligados à presença brasileira no exterior. Pela Editora Contexto publicou os livros *Augusto e Lea: um caso de (des)amor em tempos modernos* e *História oral: como fazer, como pensar*.

Suzana L. Salgado Ribeiro trabalha com história oral há 15 anos. Possui mestrado e doutorado defendidos na USP e pesquisou também fora da universidade. Pesquisadora do Núcleo de Estudos em História Oral

(NEHO – USP), professora da Universidade Paulista – Unip e coordenadora da Fala Escrita (empresa que desenvolve projetos de história oral para instituições). Escreveu livros e artigos relacionados à oralidade, memória, narrativas, identidades e ao trabalho com história oral. Foi professora convidada na Universidade Agostinho Neto, em Angola e, pesquisadora convidada do Oral History Office da Universidade de Columbia, nos Estados Unidos. Mais recentemente, vem desenvolvendo trabalhos de história oral institucional junto a comunidades e empresas.

LEIA TAMBÉM

História oral
como fazer, como pensar
José Carlos Sebe B. Meihy e *Fabíola Holanda*

O que é história oral? Qual a relação entre história oral e entrevista? Como fazer um projeto de história oral? A história oral brasileira é diferente? Leitura útil e importante para compreender um mundo que caminha entre palavras, discursos, narrativas e esperanças de compreensão, *História oral: como fazer, como pensar* é uma introdução abrangente e exemplificada, destinada a todos – estudantes e professores de História, pesquisadores, jornalistas e demais interessados –, que busca facilitar o aprendizado e ampliar os debates sobre como abordar: memória, identidade e comunidade – matérias-primas da história oral.

LEIA TAMBÉM

AUGUSTO & LEA
um caso de (des)amor em tempos modernos
José Carlos Sebe B. Meihy

Fato: uma doença fatal detectada em uma família bem-sucedida da elite paulista. Consequências: quebra de uma aparente harmonia familiar e revelações sobre segredos guardados por tantos anos. Forma: depoimento das oito vozes envolvidas na tragédia. O resultado é um livro fascinante e envolvente, fruto de uma história real com sabor de romance. O autor do feito é o historiador José Carlos Sebe B. Meihy, consultor de roteiros de televisão e um dos maiores especialistas em História oral do país. Respeitado por suas pesquisas rigorosas e dono de uma escrita deliciosa, já teve alguns de seus textos usados como apoio para telenovelas. *Augusto & Lea: um caso de (des)amor em tempos modernos* certamente pode render uma. Das boas.

LEIA TAMBÉM

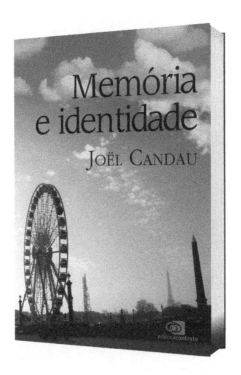

MEMÓRIA E IDENTIDADE
Joël Candau

Memória e identidade estão indissoluvelmente ligadas. A memória, ao mesmo tempo em que nos modela, é também por nós modelada. Isso resume perfeitamente a dialética da memória e da identidade, que se conjugam, se nutrem mutuamente, se apoiam uma na outra para produzir uma trajetória de vida, uma história, um mito, uma narrativa. Em um domínio tão vasto e abundante que é o das pesquisas nessa área, é válido periodicamente estabelecer uma averiguação do estado da arte ou tentar um balanço dos últimos avanços teóricos. Nesta obra, o autor vai além de um simples balanço e faz um ensaio antropológico sobre o tema. O leitor tem, assim, em mãos um apanhado crítico das últimas tendências teóricas e conceituais de um tema complexo, mas fundamental para qualquer um que tenha algum interesse no campo das Ciências Humanas e Sociais.

Cadastre-se no site da Contexto
e fique por dentro dos nossos lançamentos e eventos.
www.editoracontexto.com.br

Formação de Professores | Educação
História | Ciências Humanas
Língua Portuguesa | Linguística
Geografia
Comunicação
Turismo
Economia
Geral

Faça parte de nossa rede.
www.editoracontexto.com.br/redes

Promovendo a Circulação do Saber